Ⓢ新潮新書

篠田英朗
SHINODA Hideaki

憲法学の病

822

新潮社

はじめに

日本国憲法は、ガラパゴス主義に支配されてきた。解放する試みが必要だ。

ガラパゴス主義の憲法解釈は、国際社会を警戒する。そして自らの優位を誇り、国際法を軽視する。

しかし本当の憲法は、日本が正当な国際社会の一員となる条件を示している。そして国際社会で名誉ある地位を占める国際主義を望んでいる。

私は国際政治学者である。憲法学を専門としていない。しかし長年にわたって日本国憲法について考えてきた。国際社会の歴史や国際法の仕組みと、憲法学における通説との間の、大きな断絶について考えてきた。

そして一つの結論に達した。

国際社会に背を向けているのは、憲法ではない。ガラパゴスなのは、憲法解釈を独占しようとしている日本国内の一部の社会的勢力である。

憲法をガラパゴス的なものであるかのように感じさせているのは、憲法それ自体ではない。憲法を起草した者でもない。憲法制定時に中心にいた者でもない。

憲法成立後に、憲法解釈を独占しようとした者である。

つまり、憲法が〝ガラパゴス〟なのではなく、憲法学における通説が〝ガラパゴス〟なのである。

日本国憲法は、長年にわたって、日本国内の一部の社会的勢力の権威主義によって毒されてきた。

国際社会を見ず、国際法を無視し、日本国内でしか通用しない「憲法学通説」の独善的な解釈によって、毒されてきた。

しかし、本当の日本国憲法は、ガラパゴスなものではない。本当の憲法は、国際主義的なものである。本当の憲法は、日本が正当な国際社会の一員となり、国際社会の規範にしたがって活躍することを望んでいる。

＊

本書は、そのことについて書いた本である。

2015年の平和安全法制をめぐる喧噪を見て、私は憲法学者たちの憲法解釈にいっそう大きな疑問を抱くようになった。そこでまず2016年に『集団的自衛権の思想史』を公刊した。そして集団的自衛権違憲論は、憲法制定当初から政府の立場だったわけではないことを明らかにした。それは、沖縄返還を政策目標にした政治的な背景があって、1960年代末に政府見解になったものにすぎなかった。また、集団的自衛権違憲論の背景には、伝統的な「憲法学通説」のいびつな憲法解釈がある、ということも指摘した。特に個別的自衛権は合憲だが、集団的自衛権は違憲だとする議論は、時代錯誤の国家の基本権思想の焼き直しでしかなく、憲法典上の法的根拠が薄弱だ、と論じた。[1]

続けて2017年に公刊した『ほんとうの憲法』では、一番素直と思われる日本国憲法の解釈を示した。伝統的な「憲法学通説」の憲法解釈が奇妙なものである背景には、イデオロギー的・社会権力的な事情があることも、指摘した。憲法解釈が、反米的イデオロギー傾向を持ち、19世紀ドイツ国法学の考えを標準にする社会集団によって独占されている状況について、疑問を提示した。[2]

1 篠田英朗『集団的自衛権の思想史——憲法九条と日米安保』（風行社、2016年）。

また、私は、憲法学「通説」なるものは、各大学教員人事や司法試験・公務員試験に絶大な影響力を持つ東京大学法学部を頂点としたヒエラルキーによって決まっており、「通説」であることは必ずしも内容の妥当性を保証するものではない、と指摘した。おかげで「篠田は東大法学部にルサンチマン（怨恨）を抱いている」などといった、低次元の攻撃も受けた。

私は、多くの東大法学部の方々を尊敬し、仲良くさせていただいてもいる。恨みを抱く経験を持ったことなどない。私はイギリスの大学でPh.D.をとっている。ムラ社会の論理とは、あまり関わりを持たず生きてきた。本書においても、臆することなく、東大法学部系の憲法学者群の議論の奇妙さを検証する。

ただし、もちろん東大法学部への言及は、あくまでも単なる総称化でしかない。当然ながら、私は東大法学部にかかわるもの全てを批判しているわけではない。本書が特に検討対象にするのは、憲法9条についてことさらに語る一部の東大法学部系の憲法学者たちだけだ。

憲法学界内部にも多様な意見があるということも承知している。集団的自衛権をめぐっても、違憲とは言えない、と発言する憲法学者もいた。もっとも、ことごとく非東大系の憲法学者の方々であったのだが。

残念ながら、真面目で建設的な批判を、憲法学者の方からいただいたことがない。「日本がアメリカの属国にならないために憲法学は頑張っているのに、篠田の議論はそれを台無しにする」といった、およそ法律論とは無関係なイデオロギー的な言説などは、沢山ある。

いわれのない誹謗中傷も、頻繁にいただくようになった。たとえば、早稲田大学の憲法学者・水島朝穂教授は次のように書く。

「篠田氏の論稿は、憲法改正の当否という価値対価値のコンクールに到達するまでに、法律論として失格であり、訴訟法でいえば、訴え却下の門前払いに相当し、請求棄却判決にすら到達しえない内容である」「ヒステリックな物言い」「頭の中の妄想」「日陰者意識をもつエリート」……といった具合である。

さらに水島教授は、私のことを、1935年「天皇機関説事件」で美濃部達吉・東京帝国大学名誉教授を貴族院議員辞職に追い込んだ右翼の大物・蓑田胸喜のようだ（ただ

2　篠田英朗『ほんとうの憲法――戦後日本憲法学批判』（ちくま新書、2017年）。

し三流の)、と言う。「篠田氏の手法は蓑田の足元にも及ばないが、ネット時代に助けられて、その伝播力という点では蓑田の影の手前くらいにまでは達しているだろう」[3]。

水島教授のような方に限って、憲法学界が東大法学部の権威に影響されていることはない、と声高に叫ぶ。

まあ、もしそうであれば、それはそれでいい。

そこで本書では、次のことを最初に明らかにしておく。私が批判の対象としているのは、宮沢俊義、小林直樹、芦部信喜、樋口陽一、高橋和之、長谷部恭男、石川健治、という歴代の東京大学法学部教授陣の見解である。あとは佐藤功、高見勝利、木村草太、といった東大法学部(法学研究科)出身で、他大で奉職しながら、東大法学部教授陣とも深く結びついてきた憲法学者の見解である。

私は、それ以外の憲法学者を批判の対象としない。私が本書で「憲法学通説」といった言い方で整理しながら批判していくのは、より具体的には、上記の東大法学部系の憲法学者の方々の見解である。それ以外の憲法学者の方々は、扱っていない。無関係な東大系の憲法学者の方々の気分を害さないように、本書ではあえて東大法学部の伝統といった表現を使うことは避けておく。本書で「憲法学通説」と呼んでいるものは、基本的に上述の憲法学者の見解のことである。[4]

したがって東大法学部系憲法学者の影響力を否定する方々には、まず言っておきたい。皆さんのことは論じていない。早合点して、感情的な誹謗中傷に走ることのないようにお願いしたい。「憲法学者を批判すると嫌がらせされるでしょう、やめたほうがいい」と私に忠告してくれる方々がいる。こんな見方が正しくないことを、普通の憲法学者の

3　篠田英朗「戦後日本の立憲主義の理解への疑問：水島朝穂教授の私への攻撃を見て」（２０１７年10月20日）〈http://agora-web.jp/archives/2029005.html〉。なお水島教授の篠田批判は、本論と関係のない些末な事項をめぐるつぶやきか、憲法学者の著作を多数引用したうえで、篠田の言っていることは、権威ある憲法学者の見解と違う、したがって篠田は間違っている、とするようなものばかりであった。言うまでもなく、私は、権威ある憲法学者を批判しているのであり、憲法学者になりたいのではない。なお奥野恒久「『戦後日本憲法学批判』と向き合う」『龍谷大学政策学論集』第８巻第１・２合併号（２０１９年３月）は、学術雑誌における憲法学者による篠田への批判である。ただしそこでも結局、篠田に従うと、「アメリカの世界戦略への加入」になってしまうとか、「国民の視点から９条２項の意義が語られなければならない」といった法律論とは別の次元の主張がなされている。

方々に、証明していただきたい。

本書の第1部は、本来のあるべき憲法解釈を説明する。伝統的な憲法学通説の代表として、自衛権・自衛隊の違憲性を説く芦部信喜らを、主な批判の対象として取り上げる。本書は、芦部教授らに代表される「伝統的な憲法学通説」には、法律論として欠陥がある、と論じる。

最近は、長谷部恭男・元東京大学法学部教授や、木村草太・首都大学東京教授が、個別的自衛権は合憲で、集団的自衛権は違憲という立場を、強調している。非常に権威主義的・他者攻撃的な言説で、「修正主義的な憲法学通説」を広めようとしている。安保法制をめぐり憲法学者が大同団結する過程で、勢いを持つようになった。過去の一時期の日本政府の見解を根拠にして、現在の日本政府を攻撃するという憲法学である。本書では、第2部において、長谷部教授や木村教授の「修正主義的な憲法学通説」の議論が、伝統的な憲法学通説よりもさらに説得力を欠いているということを、指摘する。

かつて、アメリカ人が「押し付けた」憲法は改正しなければならない、と主張する右派勢力が、護憲派の憲法学者を「転向」者と呼んだ時代があった。現在、左派系の人々の間で、憲法のせいで日本はアメリカの属国になっているという「属国」論が華やかだ。

長谷部教授や木村教授の「修正主義」的な護憲派を、井上達夫・東大教授（法哲学）らが厳しく批判している。[5]

4　たとえば東大法学部系の憲法学者であっても、イデオロギー色のない宍戸常寿教授らは、本書の批判の対象ではない。山元一・慶應義塾大学教授の9条論は、国際法をふまえた本書の立場に近いものだ（山元一「九条論を開く――〈平和主義と立憲主義の交錯〉をめぐる一考察」水島朝穂［編］『シリーズ日本の安全保障3　立憲的ダイナミズム』［岩波書店、2014年］参照）。私自身は、たとえば、ある研究会で同席している井上武史・関西学院大学教授のような数多くの憲法学者の方々の議論には触発されている。ただし、それでも憲法学では、「通説」「多数説」が非常に重視される特殊な政治文化があることは認識せざるをえない。非憲法学者の排斥、少数説をとる者への人格攻撃、権威主義的な多数派形成工作、マスコミに働きかけた世論工作などは、日本の憲法学に特有の傾向ではないだろうか。たとえば、集団的自衛権は違憲だという議論に疑義を呈した、山元一教授、藤田宙靖・元最高裁判所判事、大石眞・京都大学名誉教授、百地章・日本大学名誉教授らを、三国志に登場する敗北の武将たちになぞらえ、「酷い発言」「最低」「開き直り」などの言葉を投げつけつつ、自衛隊違憲論者でありながら長谷部・木村教授と大同団結した水島朝穂・早大教授や青井未帆・学習院大学教授らを、赤壁の戦いに駆け付けた「英傑」と呼ぶのは、木村草太「集団的自衛権の三国志演義」全国憲法研究会（編）『憲法問題28』（三省堂、2017年）。

「伝統的な憲法学通説」も、個別的自衛権の合憲性だけを容認しようとする「修正的な憲法学通説」も、さらには修正主義者を批判する原理主義的な左派・右派勢力も、本来の日本国憲法の国際法遵守の姿勢を軽視する点では、一致している。これらの勢力の共通の基盤は、反米主義の政治イデオロギーである。

本書は、こうした政治イデオロギー的な立場とは一線を画し、国際主義的な本質を持つ本当の日本国憲法の姿を説明する。

5 田原総一朗・井上達夫・伊勢﨑賢治『脱属国論』(毎日新聞出版、2019年)、小林よしのり・井上達夫・山尾志桜里他『属国の9条 ゴー宣〈憲法〉道場Ⅱ黒帯』(毎日新聞出版、2018年)、内田樹・白井聡『属国民主主義論——この支配からいつ卒業できるのか』(東洋経済新報社、2016年)など。

憲法学の病——目次

第1部　憲法をガラパゴス主義から解放する

1．本当の憲法9条1項「戦争」放棄

９条1項「戦争放棄」条項は、国際法で違法化されている「戦争（war）」行為を行わないことを、日本国民が宣言した、現代国際法遵守のための条項である。国際法秩序を維持するための自衛権は放棄されていない。

憲法９条は、平和主義の条項である。そのことに疑いの余地はない。

しかし長い間、憲法９条は、国際社会に背を向けて、独自の価値規範を一方的に掲げたものだと解釈されてきた。

憲法９条が打ち立てようとしているのは、国際社会が標準としている平和主義のことではなく、何か全く別のものだという解釈が、憲法学通説となってきた。

そのため、憲法を守るためには、国際社会から距離を置き、国際法に対する憲法の優位を宣言しなければならない、とされてきた。

憲法9条があるがゆえに、日本は世界で最も卓越した国になっており、それ以外の解釈はすべて日本を戦前の軍国主義に引き戻すことに等しい、と主張されてきた。

だが、そのような憲法9条解釈は、ガラパゴス主義に依拠したものでしかない。なぜなら憲法9条は、日本を国際社会の正当な一員とするために制定されたものだからだ。憲法9条は、国際法を遵守し、国際法に従って活躍する日本を作り上げるためのものである。

まず憲法9条1項を見てみよう。

日本国民は、正義と秩序を基調とする国際平和を誠実に希求し、国権の発動たる戦争と、武力による威嚇又は武力の行使は、国際紛争を解決する手段としては、永久にこれを放棄する。

9条1項は「戦争放棄」条項として知られるが、1928年不戦条約や1945年国連憲章２条４項を意識したものであることは、条文の文章から明らかだ。
１９２８年不戦条約は、次のような文言からなる。

〈第１条〉締約国は国際紛争解決のため、戦争に訴えることなく、かつその相互関係において国家の政策の手段としての戦争を放棄することを、その各自の人民の名において厳粛に宣言する。
〈第２条〉締約国は相互に起こりうる一切の紛争又は紛議を、その性質又は理由にかかわらず、平和的手段による以外には処理又は解決を求めないと約束する。

さらに１９４５年国連憲章は、２条４項において、次のように規定する。

すべての加盟国は、その国際関係において、武力による威嚇又は武力の行使を、いかなる国の領土保全又は政治的独立に対するものも、また、国際連合の目的と両立しない他のいかなる方法によるものも慎まなければならない。

憲法9条1項は、1928年不戦条約のみならず、1945年国連憲章が成立した後に、これらの国際法規を前提にして、1946年に作られたものだ。その文言は、両者の「コピペ」とさえ言えるものであり、両者の国際法規範を遵守する意図を表現していると考えるのが、妥当だ。

「国際紛争解決のため」「国家の政策の手段としての戦争を放棄」する、といった文言において、1928年不戦条約と憲法9条1項の文章は酷似している。憲法起草者が、どうしても国際法との連動性を意識せざるを得ないように配慮したためだろう。

日本は、1928年不戦条約に加入していながら満州事変を起こし、不戦条約の体制を揺るがせた国として世界史に記録されている。憲法起草者は、そこで不戦条約の文言を、国内法の最高法規である憲法典に挿入することによって、さらにいっそう不戦条約の内容を日本が守る仕組みを作ろうとしたのだろう。

憲法9条が、「前文」以外では、条文としてはただ一つ、「日本国民は」、という主語で始まる条文である事実は、不戦条約が「各自の人民の名において厳粛に宣言する」ものであったことを意識した結果であることが読み取れる。ちなみに日本国憲法「前文」で主権者とされた「国民」は、GHQ草案などでは「people」とされていた語句であり、不戦条約における「人民（people）」と同じである。ただし、9条に「日本国民は」という主語を入れたのは、GHQではない。国会で憲法審議にあたった、芦田均が委員長を務めた衆議院帝国憲法改正小委員会である。「正義と秩序を基調とする国際平和を誠実に希求し」という文言を9条の冒頭に挿入したのも、芦田の憲法改正小委員会である。これらの措置は、9条と「前文」との連動性を明確にするとともに、9条と国際法との連動性も明確にするためのものであったと言える。

憲法9条1項は、「国権の発動としての戦争」だけでなく、「国際紛争を解決する手段として」の「武力による威嚇又は武力の行使」も放棄した。「武力による威嚇又は武力の行使」という文言は、1945年国連憲章2条4項を模倣したものだと言える。日本は1928年不戦条約に加入していたが、1946年の時点では1945年国際連合憲章には未加入であった。そこで国連憲章によって強化された新しい国際法秩序をも遵守するという意図をもって、9条1項は、「国権の発動としての戦争」だけでなく、「国際紛争を解決する手段として」の「武力による威嚇又は武力の行使」も放棄した、と理解するのが、妥当だ。

したがってこれらの国際法規において、自衛権が放棄されていないことについては、疑いの余地がない。1928年不戦条約が放棄した「戦争」は、19世紀ヨーロッパ国際法における「戦争」のことであり、そこに自衛権や国際連盟が発動できる集団安全保障の制裁措置は含まれていないことは、確立された理解である。それが、憲法9条1項が模倣している、「国際紛争解決のため」の「国家の政策の手段としての戦争」という文言が意味することである。

国連憲章51条は、「この憲章のいかなる規定も、国際連合加盟国に対して武力攻撃が発生した場合には、安全保障理事会が国際の平和及び安全の維持に必要な措置をとるまでの間、個別的又は集団的自衛の固有の権利を害するものではない」と定め、1928年不戦条約と同じように、自衛権と集団安全保障を2条4項が否定していないことを、明文で確認している。それが、憲章2条4項の「国際連合の目的と両立しない他のいかなる方法による」「武力による威嚇又は武力の行使」という文言が意味していることだ。

なおこれに対して、自衛権と集団安全保障が憲章２条４項によって禁止されないことが、国際法の限界であるかのように語られることがある。全くの誤解である。武力行使一般を禁止するのは、「国際の平和と安全の維持」（国連憲章１条１項）のためである。国際法を無視する侵略者が現れたときに対抗措置をとることを禁止するのは、むしろこの「国際の平和と安全の維持」という至高の目的に反する。「国際の平和と安全の維持」という目的を達するためには、違反者に対抗するための自衛権と集団安全保障が必要である。そこで２条４項の武力行使の一般的な禁止と、自衛権と集団安全保障が、不可分一体の措置として、現代国際法の体系の中で認められているのである。

極めて素直な憲法９条１項の理解とは、この国際法の標準的な理解に沿ったものであるはずだ。９条１項の「コピペ」文言を素直に読めば、それ以外の解釈はあり得ないとすら思われる。

まず、国際法が、戦争を否定した。

不戦条約に先立って、すでに１９１９年国際連盟規約が、締約国が「戦争に訴えないという義務を受諾し」たことを謳っていた。その後、１９２３年相互援助条約案、１９２５年ロカルノ条約、１９２４年国際紛争平和的処理議定書が、侵略戦争の禁止や戦争の一般的な禁止の流れを用意し、アメリカとフランスが主導する形で１９２８年不戦条約が成立することになった。１９２５年９月25日の連盟総会決議は侵略戦争が国際犯罪であることを宣言し、１９２７年９月24日の連盟総会決議は全会一致ですべての侵略戦争を禁止する宣言を行っていた。

日本は国際連盟加盟国であったし、不戦条約にも加入していた。

ところが戦前の日本は、１９３１年の満州事変以降、国際法秩序から逸脱した行動をとり、第二次世界大戦の惨禍を招いた。そこで戦後の日本国憲法は、国際法を遵守し、あらためて戦争を否定する宣言をした。それが憲法９条１項である。つまり、国際法を遵守する、とあらためて宣言したのが、憲法９条である。国際法を凌駕して、唯一無二の世界最先端の規範を宣言したのが憲法９条、なのではない。

憲法学の教科書などを読むと、日本国憲法が人類史上初めて「比類のない徹底した戦争否定の態度を打ち出している」ものだという記述に出くわすことがある。[6] しかし、それは間違っている。

国際法が戦争を否定し、日本がそこから逸脱した。その後、日本は、憲法制定を通じて、国際法遵守の立場を明らかにしたのである。したがって、憲法９条１項の解釈にあたっては、憲法制定前に存在していた国際法規範を参照することが、正しい態度だ。正しくないのは、「憲法優位説」を唱え、憲法学通説を代表する著名な憲法学者の基本書の卓越性を主張して、国際法を無視した解釈をする態度である。

国際法にのっとった憲法９条１条解釈は、憲法学通説と大きく異なる。憲法学は、いたずらに憲法と国際法の間の距離を演出したうえで、憲法が優越する、という一方的な議論で、国際法の要請を軽視しようとする。

これは条約と憲法のどちらが優位しているか、といった論点とは、関係がない深刻な問題である。憲法それ自体が、国際法と調和することを求めている、という基本的な点に関する認識の問題である。日本国憲法98条２項は、「日本国が締結した条約及び確立された国際法規は、これを誠実に遵守することを必要とする」と定めている。

国際法では、主権国家が国家理性に基づいて政策的に行う「戦争」を、一般的に違法なものとして否定している。主権国家が宣戦布告さえすれば合法的に戦争ができるなどという考えは、古い19世紀ヨーロッパ国際法とともに、葬り去られている。

6　芦部信喜（高橋和之補訂）『憲法』（第七版）（岩波書店、２０１９年）、54頁。

日本だけが憲法で戦争を違法にしているのではない。日本国憲法よりも先に、国際法が、戦争を一般的に違法なものにしていた。今日の世界では、ほとんどの国の憲法で、日本国憲法9条1項と類似した戦争放棄の条項があることも、留意すべきだ。

ところが憲法学者は、大真面目に、「国権の発動たる戦争」が「国際法上の戦争」、「武力の行使」が「事実上の戦争」などと勝手に論じている。[7] そして、それをもって日本国憲法がなければ戦争を否定できないことの論拠にしようとしている。

模倣者が、本家本元を偽物だと糾弾しているようなものである。

事実とは異なるガラパゴス議論がいかに罪深いかは、言葉では言い尽くせない。それによって、いつのまにか日本国民の間に、根本的に間違った考え方が刷り込まれてしまった。つまり、国際法は戦争を認めており、憲法だけが戦争を放棄している、などといったガラパゴス的な誤謬が刷り込まれてしまった。実際は全く逆で、国際法が戦争放棄の先祖であり、日本国憲法はその国際法を守ることを確約したにすぎないにもかかわらず。

そもそも現実が、憲法学者の議論とは真逆の内容を示している。日本の安全を現実に維持しているのは、日米安全保障条約を中心とする国際法規範にのっとった国際的な安全保障体制だ。

また、世界中を見渡しても、主権国家が宣戦布告をして始める国家間紛争などは、実際には現代世界でほとんど発生していない。現代世界で頻発している武力紛争のほとんどは国内紛争である。主権国家が宣戦布告をしてから開始された戦争など、存在しない。

そもそも憲法学者が、憲法の条文を根拠にして、安全保障論を講釈する、などというガラパゴス的な珍現象がまかり通っているのは、世界広しといっても日本だけだろう。

しかし、問題なのは、どちらが先か、ということだけではない。より問題なのは、否定されている「戦争」の中身を、憲法学が捻じ曲げていることである。

本来、９条１項が否定しているのは、国際法によって違法化された「国権の発動としての戦争」であり、「国際紛争を解決する手段としての武力による威嚇又は武力の行使」である。

ところが、憲法学通説に従って、憲法９条１項を、解釈するとどうなるか。「戦争」

7　芦部『憲法』、57頁。日本では、憲法学の基本書で得た似非国際法の知識で、「法律家」として活動してしまっている者が多数いる。篠田英朗「倉持麟太郎の『ウソと矛盾』あなたの改憲論はここがおかしい」『iRONNA』https://ironna.jp/article/8337、参照。

ではないものまで、「まあ戦争のようなものだろう」「われわれの通説では戦争ということになっている」という憲法学者の自家撞着的な決めつけで、否定されてしまう。

侵略者によって攻撃された際に自衛行動をとることも「戦争」だ、という乱暴な決めつけが、憲法学通説の世界ではまかり通ってきた。憲法学では、自衛のための措置も、「自衛戦争」などと言い換えさせられる。「自衛戦争」も「戦争」だから違憲だ、と断定したいからである。結論先取りの概念操作である。

しかし「自衛戦争」は、戦前の日本の議論を引きずっている憲法学の造語であり、国際法の用語ではない。国際法学者の村瀬信也は言う。「憲法専門家の間でいまだに『自衛戦争』『侵略戦争』『制裁戦争』などという時代錯誤の概念が用いられていることに、驚きを禁じ得ない」。村瀬は嘆く。「『集団的自衛権』……など、すべては国際法上の概念・制度であり、これらについては、国際法学上、一定の共通理解が確立している。しかるに我が国では、それらを正確に踏まえた上での議論が殆ど行われてこなかったと言わなければならない。その結果、国会での審議においても、……日本でしか通用しない珍奇不可解な論理が『法理』として罷り通っている。しかしこれはもはや『病理』としか言いようがない。国際法から乖離し、そして現実からも大きく乖離して、正に法的な乖離性障害の様相である」[8]。

もちろん国際法になくても、日本国憲法に書いてあるのであれば、憲法学者が論じるべき対象になるだろう。しかし日本国憲法典に「自衛戦争」なる概念は登場しない。「自衛戦争」は、憲法学者が作り出した造語であり、日本国憲法典の言葉ではない[9]。

ところが憲法学者は、憲法学の本来の役割を逸脱して国際法上の概念である自衛権について積極的に論じようとする。そして、問題を「自衛戦争」なるものに置き換える悪習を常態化させている。なぜかと言えば、「自衛戦争」も「戦争」なので、やはり否定されている、という結論を何とかして導き出したいからなのだろう。

仮に「自衛戦争」なる憲法学者の創作物が、憲法の戦争放棄の規定によって否定されるとしても、それは自衛権の否定にはつながらない。自衛権の行使としての武力行使の否定にもつながらない。「自衛戦争」の否定は、憲法学者の創作物が否定されるだけの

8　村瀬信也「安全保障に関する国際法と日本法（上）――集団的自衛権及び国際平和活動の文脈で」『ジュリスト』（№１３４９）、２００８年2月1日、93、92頁。国際法学者の筒井若水は、「自衛戦争」という表現は、「概念矛盾」と指摘する。筒井若水『自衛権』（有斐閣、１９８３年）、90頁。

結果しか生み出さない。

本来、侵略者に対する自衛措置は、「自衛権の行使」である。それは、違法化されている「戦争」とは区別される行動だ。そもそも武力行使一般を、いちいち「戦争」と言い換えたうえで、「だから全て違憲です」と結論づけようとするのは、極めて暴力的なことなのである。

放棄しているのが19世紀ヨーロッパ国際法の意味での「戦争」であることを示すために、日本国憲法の起草者はあえて親切にも、「国権の発動としての戦争（war as a sovereign right of the nation）」という説明的な文を入れて、意味を明確にしようとした。絶対主義的な19世紀ヨーロッパの国家主権の概念にのっとって、宣戦布告をすれば主権国家は自由に戦争を開始できる、という考え方を、日本国憲法は否定した。そして、憲法9条は、不戦条約の内容を再確認する条項である、ということを強調しようとした。憲法9条は、19世紀ヨーロッパ国際法を否定し、現代国際法を遵守することであることを、疑いのないものにする宣言をした。

「国権の発動としての戦争」に、自衛権の行使は含まれない。「自衛権の行使」とは、違法行為を除去するための合法的な公権力の行使であり、違法化された「国権の発動としての戦争」でも「国際紛争を解決する手段としての武力による威嚇又は武力の行使」でもない。この考え方は、１９２８年不戦条約締結時に諸国によって確認されているし、１９４５年国連憲章も当然の前提としている。国連憲章が2条4項で武力行使を一般的に禁止しながら51条で自衛権の合法性を明記しているのは、こうした事情によるものだ。

憲法学の基本書の頂点に立ち、死後にも繰り返し重版され、１００万部を売り上げた芦部信喜『憲法』の記述を見てみよう。まず芦部は、「『国権の発動たる戦争』とは、単

9　憲法学者であっても正しい認識を持つ少数派は存在していた。だが、多数派の「通説」からは無視されたようである。覚道豊治・元大阪大学教授は、次のように書いていた。憲法9条は「自衛権の否定を意味するものではない。……それは、国家または国民に対して急迫あるいは現実の不正な危害が加えられた場合、国家が実力をもって防衛し、これを排除する権利であって、武力の行使をも合法と認められる。……自衛権の行使は自衛戦争を行うことと同一ではない。……九条一項はそのような戦争は、自衛戦争も含めてすべて放棄したものである。ただ……自衛権行使の範囲内で武力行使をすることは認めているものと解せられる。……わが国が世界平和に貢献し、『国際社会において名誉ある地位を占めたい』とする以上、正しい国際秩序と結びついたわが国自体の自衛権も存しなければならない」。覚道豊治『憲法』（ミネルヴァ書房、１９７３年）、３１３-３１５頁。

に戦争というのと同じ意味である」と、一切の議論を許さない態度で、決めつける。[10]

では芦部にとって「戦争」とは何か。芦部によれば、「『戦争』は、宣戦布告または最後通牒（紛争の平和的解決のための交渉を打ち切り、最終的な要求を提示し、受諾拒否の場合は戦争または武力の使用など自由行動をとる旨述べた外交文書）によって戦意が表明され戦時国際法規の適用を受けるものを言う[11]」。

これは19世紀ヨーロッパ国際法の「戦争」の概念である。1945年の国連憲章以降の現代国際法では否定されているものだ。したがって芦部が、国際法が否定したように、日本国憲法も19世紀ヨーロッパ国際法の「戦争」だけを否定した、と言ってくれるのであれば、それでよかった。ところが芦部は、この19世紀ヨーロッパ国際法の「戦争」が、あたかも普遍的で超歴史的にあてはまるものであるかのように語るのである。芦部ら憲法学者は、19世紀ヨーロッパ国際法の「戦争」が、現代国際法においても存在していると断言することによって、憲法9条の内容を根本的に覆してしまう。

さらに芦部によれば、『武力の行使』とは、そういう宣戦布告なしで行われる事実上の戦争、すなわち実質的意味の戦争のことである」。そこで芦部は、「自衛戦争」なるものを否定することを含めて、「九条一項は、このように、国際法上の戦争も、事実上の戦争も放棄し、あわせて、戦争の誘因となる武力による威嚇をも禁止したのである」と述べる。[12]

恐るべきガラパゴス世界観である。

実際の９条１項は、「国際紛争を解決する手段としての武力行使」を禁止している。国際法ではもはや存在しない「戦争」を「国際法上の戦争」と断定した上で、国連憲章２条４項の文言である「武力の行使」を「事実上の戦争」なる独自の謎の芦部オリジナル概念で説明することによって、あたかも憲法が国際法をこえた何ものかを禁止しているかのような印象を与えようとする。やりたい放題だ。実際の憲法９条１項の文言は、国際法にしたがった解釈を求めているにもかかわらず、憲法学者が、次々と造語を乱発し、憲法９条と国際法とのつながりを分断するための印象操作を行う。

国際法の規範性が弱かった時代には、主権国家は国家間の紛争を、最終審査手段であ

10　芦部『憲法』、56頁。
11　同上、56-57頁。
12　同上、57頁。

る戦争に訴えて解決することが違法ではなかった。「国際紛争を解決する手段としての武力行使」の禁止は、20世紀以降の現代国際法の特徴のことである。１９１９年の国際連盟規約によって翌１９２０年に発足した「国際連盟は、第一次世界大戦以前まで支配的だった『戦争＝国際紛争解決の最終手段』という戦争観を変え」るものだった[13]。確かに国際連盟には不十分な点が多々あったが、日本国憲法起草に先立って成立した、１９４５年国連憲章が大きな改善を図った。現代国際法は、少なくとも憲法起草以前に、制度的に確立されていたのである。

日本国憲法の文言は、19世紀ヨーロッパ国際法の概念構成を振りかざして、現代国際法を否定しないことの約束である。逆に言えば、19世紀ヨーロッパ国際法で認められていて、現代国際法では否定されるに至った、「国際紛争を解決する手段としての武力行使」には該当しないもの、たとえば自衛権や集団安全保障の延長線で行使される武力は、否定しない。日本国憲法の文言は、こうした現代国際法の規範枠組みを遵守することを示していると考えるのが、最も自然な解釈である。

しかし芦部は、その憲法典の要請を拒絶する。だが法的根拠は示さない。ただ、自らが頂点に立つ憲法学界の「通説」なるものを自家撞着的に根拠にするだけだ。

芦部によれば、9条1項の「武力の行使」の解釈には二通りある。「国家の政策の手段としての戦争」に留意する（現代国際法に従った）解釈とは別に、もう一つあるという。それは、「従来の国際法上の解釈にとらわれずに、およそ戦争はすべて国際紛争を解決する手段としてなされるのであるから、一項において自衛戦争も含めてすべての戦争が放棄されていると解すべきであると説く見解」である。そして芦部は、この後者の説の方を「有力」と評する。[14] この二項によって一項も戦争を全面放棄していると解する「一・二項全面放棄説」を、「学説の多数説である」として支持し、「私はその説をとる」とも宣言する。[15]

しかし果たして「有力」と言う根拠は、いったい何なのか。「学説の多数説」というのは、憲法学者の多くが、こちらのほうがいいと言っている、ということでしかないのであれば、それ自体では論証にならない。なぜ憲法解釈にあたっては、憲法学界という

---

13 大沼保昭『国際法』（ちくま新書、2018年）、296頁。
14 芦部『憲法』、57頁。
15 芦部信喜『憲法学Ⅰ——憲法総論』（有斐閣、1992年）、259、261頁。

閉じられた共同体内部での人気投票のような多数派取りゲームの結果を、正しいものとしなければならないのか。

芦部によれば、「自衛戦争」を合憲とする戦争の「限定放棄説」には、三つの「疑問」がある。それらが理由で、芦部は、国際法にのっとった憲法解釈を拒絶するらしい。

一つは、2項冒頭の「前項の目的を達するため」という「芦田修正」に依拠した解釈への「疑問」であるという。「芦田は、衆議院帝国憲法改正案委員長報告において、修正は、『戦争放棄、軍備撤廃を決意するやうに至った動機が専ら人類の和協、世界平和の念願に出発する趣旨を明らかにせんとしたのであります』と述べ、……それを帝国議会は了承して原案が確定したのであるから、約一〇年後の芦田の釈明や、総司令部の若干の関係者の意向は、制憲意思を左右する意味をもつものとは解されない」と芦部は述べる。[16]

この憲法学通説の「芦田修正」に対する見解の奇妙さについては、後述する。ここで芦部の見解を批判するには、自衛権の行使は、侵略者に対して国際秩序を守る行為であり、「人類の和協、世界平和の念願」と全く矛盾しないどころか、むしろ国際法の枠組みからすれば、それらを守って推進するためのものだ、と指摘することで十分だろう。

芦部の議論は、憲法典の文言が示している国際法に依拠した憲法の平和主義の解釈を拒絶し、さらにいわば「私にとっての平和」のようなものを独断で憲法典解釈の基準としている点で、大いに疑問を与える議論だ。

自衛権を認めたら「人類の和協、世界平和の念願」に反する、「国際法の平和」は平和ではないと断じ、「私の平和」こそが真の平和だ、という立場に立っているのだから、自分の憲法解釈が正しいと確信するはずである。だが、このような議論は、法律論ではない。

芦部の二つ目の「疑問」は、「もし自衛戦争が放棄されていないとすれば、当然に自衛のための軍隊の存在が前提されなければならないので、九条二項の存在理由がなくなる」というものだという。[17] 奇妙な論理である。２項は１項の後にある条項で、１項を前提にして２項を解釈するのが当然だ。ところが２項が１項と矛盾するところがあるので、１項の解釈を変えなければならないと芦部は主張するのである。

しかしそのような矛盾は、芦部が、１項を前提にした２項の解釈を拒絶するから生ま

16　芦部『憲法学Ｉ』、２６０頁。

れているのではないか、と疑問に感じざるを得ない。後述するように、素朴に、ただし丁寧に見てみれば、2項は、1項と調和するように解釈するのが自然なものだ。勝手な2項解釈を施しておいて、それを理由にして本来の1項の解釈を否定して見せるというのは、倒錯的な解釈だと言わざるを得ない。

三つ目の芦部の「疑問」は、「憲法には文民条項を除けば、戦争ないし軍備を予定した規定が全く存在しないこと」だという。[18]しかし、なぜそんなに簡単に「文民条項を除けば」などと簡単に言ってしまえるのか。法律家ならきちんと論証するべきだろう。

また、具体的な規定の不在が、不在対象の違憲性を意味するというのは、全く奇妙な議論である。憲法には、警察組織に関する規定がない。とすれば、警察は違憲なのか。法務省に関する規定もない。とすれば、法務省も違憲なのか。

こうした芦部の非常にイデオロギー色の鮮明な立場は、芦部の弟子筋における、「芦田修正」「軍事権」などの特殊概念に対する極めて特殊な憲法学業界内理解に影響を与えてきたものだろう。そのことについては詳しく後述する。ここでは、芦部が語る「疑問」が、いずれも冷静に見てみると、芦部のイデオロギー性への深刻な疑問として、ブーメランのように跳ねかえってくるものでしかないことを指摘すれば十分だろう。

コラム　芦田修正

芦田修正とは、1946年に国会で日本国憲法を審議した衆議院帝国憲法改正小委員会（委員長：芦田均）が、憲法9条1項の冒頭に「正義と秩序を基調とする国際平和を誠実に希求し」という文言を挿入したうえで、2項の冒頭に「前項の目的を達するため」という文言を加えた措置を指す。

憲法学の世界では、「本来は戦力は全面的に禁止されてしかるべきなのに、『前項の目的を達するため』などという表現を付け加えることで、芦田は自衛戦争の権利の留保をはかった。しかし文言解釈上、この試みは破綻しており、失敗した」とされている。憲法学者の多くが、憲法9条1項に自衛権の留保があっても、「自衛戦争」は9条2項で否定される、という立場をとるため、「芦田修正」という言葉は一種の「負のレッテル」として一般化している。

しかし、実際には、芦田均は、国連憲章が代表する国際秩序の中に日本国憲法を位置づけるため、前文との連動性を強調した追加的な文言を付け加えたにすぎない。芦田を、破綻した修正主義者とみなす見方は、反米・非武装中立・絶対平和主義の文脈に日本国憲法を位置づけ、それに反する解釈はすべて「破綻した芦田修正説」というレッテルを貼って抹殺しようとする見方に他ならない。

もう少し芦部と同じ見解が、憲法学「通説」として広がっている様子を見てみよう。たとえば、樋口陽一・元東京大学法学部教授は、「二項で一切の戦力が否定されるならば、一項だけでは余地をのこされていた戦争も一切できなくなる」という理由で、「九条一項の解釈がほぼ真二つに分かれるのにもかかわらず、二項解釈をあわせると、九条によって一切の戦争と一切の戦力が否定されたとするのが、学説の圧倒的な大勢である」[19]と述べる。

高橋和之・元東大法学部教授もまた、「不戦条約等の文言と関連づけて解釈することを否定し、日本国憲法独自の意味を探るという立場」が有力なのは、「こう解すれば2項の前段も後段も、何の技巧も施すことなく文言通りの意味に解することができ」るからだと説明する。高橋教授によれば、9条2項が「前段と句点で区切られているため、『前項の目的を達するため』を後段にまで及ぼすことができず、自衛のための『交戦権』は否定されないと読むことが困難である」と主張する。高橋教授は、「交戦権の意味に技巧をこらし、国際法上交戦国に認められる（敵の船舶を拿捕したり、敵の領土を占領統治したりする）権利の意味であるとし、かかる意味での交戦権は否定されたが、戦う権利が否定されたわけではない」といった考え方を仮想敵としながら、「もし自衛のための戦争・戦力が認められるなら、なぜかかる意味での交戦権が否定されねばならないのか説明が困難であろう」と述べる。[20] 的外れである。

17 芦部『憲法学Ⅰ』、２６１頁。２項によって１項の意味を変えるという「ちゃぶ台返しの解釈」は法解釈として「尋常ではありません」と述べるのは、安念潤司「集団的自衛権は放棄されたのか――憲法九条を素直に読む」松井茂記（編）『スターバックスでラテを飲みながら憲法を考える』（有斐閣、２０１６年）、２８４-２８５頁。安念教授は、憲法は集団的自衛権を放棄していないという立場をとる。２項を理由に１項の内容を否定するのは、「法の解釈方法としては無用の迂回であって、各条項は最初から統一的に解釈されるべきものであり、一項をまず読み、つぎにその意味を取り消すような方法で二項を読むのは妥当でないという批判がなされる」。覚道『憲法』、３１８頁。

18 芦部『憲法学Ⅰ』、２６１頁。

19 樋口陽一「戦争放棄」樋口陽一（編）『講座憲法学２ 主権と国際社会』（日本評論社、１９９４年）、１１１頁。

20 高橋和之『立憲主義と日本国憲法』（第４版）（有斐閣、２０１７年）、53-54頁。

自衛権を行使するのに「交戦権」なるものが必要だ、という考え方自体に、決定的なまでに法的根拠が欠落している。

現代国際法において、交戦権などというものは存在していない。そんなものを主張している国もない。いったい世界のどの国が、「自衛権の行使には、交戦権という謎の権利を持つことが必要である」などといった頓珍漢な主張をしているというのだろうか。日本政府の答弁ですら、「交戦権の否認は、一般国際法上いずれの国家にもあてはまる次元におしもどされている」と言わざるを得ないのが実情なのである[21]。

もし高橋教授が正しければ、世界のどの国も自衛権を行使できない。馬鹿げている。そのような奇妙な主張は、憲法学の基本書における仮想の敵としてしか存在していない。19世紀ドイツ国法学の世界に浸る日本の憲法学者が作り出した空想の産物でしかない。

後述するように、交戦権なる概念は、現代国際法では存在していない。存在していないものを否認しても、何も変わらない。

9条2項は、ただ現代国際法を遵守する、という決意が憲法条項化されただけの条項である。現代国際法を遵守する。それこそが9条2項が宣言していることだ。

もし9条2項をめぐる奇妙な議論が、憲法学通説が「有力」と自画自賛する9条1項解釈の唯一の根拠なのだとしたら、それは砂上の楼閣にすぎない。

このように芦部ら憲法学者の論拠は、日本国憲法は徹底した平和主義を採用しているというのが憲法学界の「通説」だ、という自家撞着的な話に依拠したものでしかない。これでは法律論にならない。

憲法学通説の根拠は、つきつめれば、憲法学者の多数が日本国憲法にはそういうものであってほしいと望んでいるもの、でしかない。「憲法が国際法に沿ったものだとしたら、われわれの立場はどうなるのだ」といったような曖昧模糊とした気分が根拠なのである。あるいは「学界の権威的指導者がそのように指導しているから」という事情でもあるのだろう。

実際の日本国憲法典のテキストには、どこにも「有力」な憲法学通説を証明してくれる文言がない。それどころか、実際の憲法典の文言は、国際法にしたがって憲法９条を解釈すべきことを、強く求めているといわざるを得ないのが真実である。

21　石本泰夫「交戦権と戦時国際法――政府答弁の検討」『国際法の構造転換』（有信堂高文社、１９９８年）所収、１０２頁。

つまり、芦部のような議論は、憲法典の上位に憲法学界の事情を置く、反憲法典的な態度でしかないのである。

もっとも最近は、憲法学者の間からは、反論とも言えない微妙な意見を出すような気運がある。近頃では、憲法学においても自衛権を認める議論はある、といった意見だ。

冷戦が終わった後、国際情勢も変動し、日本国内における憲法学界に対する見方にも変化が生まれた。そして東京大学法学部で憲法学担当教授となっていた長谷部恭男が、自衛権を認める内容、つまり自衛隊は違憲ではないとする内容の著書を出し、学界を動揺させた。

世間から見れば、冷戦が終わった後、ようやく憲法学界指導者が、微調整の必要性を認めたということだろう。これによって長谷部教授の地位は、東大法学部教授でありながら、微妙なものとなった。それは２０１４年集団的自衛権違憲論で憲法学者たちが大々的な政治運動に乗り出すときまで続いたとされる。

しかし憲法学者がようやく自衛権を認めるそのやり方は、実はまったく19世紀ドイツ国法学的なものであり、現代国際法的なものではない。つまりガラパゴス的なものである。

「必ずしも、つねに剛直な法実証主義者として法文の一字一句に忠実な解釈を行うわけではない」と堂々と宣言する長谷部の自衛隊合憲論は、極めて曖昧である。しかし「いったん有権解釈によって設定された基準については、憲法の文言には格別の根拠がないとしても、なおそれを守るべき理由がある」と述べて、政府の自衛隊合憲説を受け入れる長谷部は、結局は、伝統的なドイツ国法学的な立場を擁護するわけである。[22]

９条が自衛権を放棄したと言いながら、その後に個別的自衛権だけは違憲にならないなどと付け加える自衛権の「留保」論は、ロマン主義的な国家論を徹底させたものである。自己保存を図る自然権的な権利があるので、自らを守る自衛権だけは放棄されない、憲法が何を言おうとも国家の自然権、つまり自己保存の基本権としての自衛権は放棄されない、といった話は、19世紀ドイツ国法学に影響され続けている日本の憲法学に特有なものだ。

22　長谷部恭男『憲法と平和を問いなおす』（ちくま新書、２００４年）、１４２、１６３頁。伝統的な個別的自衛権だけを合憲とする見解のドイツ国法学に影響された「国内的類推」の問題については、篠田『集団的自衛権の思想史』第１章を参照。

このような議論は、全く時代錯誤的である。このようなガラパゴス的な世界観は、国際法の世界観に挑戦する。国際法においては、自衛を自己保存権と同義とみなしたりする「解釈は不戦条約の規定に反するなどの理由から認められるものではない」[23]。

19世紀ヨーロッパであれば、自衛権と自己保存の権利（自存権）は、同じようなものと扱われていた。「歴史的に見れば、はじめには、自存権が国家の基本権として認められ、そのうちに、その一部として、現在の自衛権に当るものが含まれていた。後になって、多くの学者が自存権という特別な権利を認めることに反対し、たんに自衛権だけを認めるようになつた。現在では、自存権を認める学者は少ない」というのは、すでに1951年における国際法学者の観察であった[24]。今日の国際法では、端的に「一九世紀の国際法は一般にこれをみとめた」という歴史の話として処理される[25]。

国家は人工的に作られた制度でしかない。そのような単なる制度に、自然人たる人間と同じような「自然権」を認めるなどというのは、自然権の何たるかを知らない倒錯した議論である。つまり国家の自然権の理論には、法的根拠がないのである。少なくとも実定法上の根拠がない。

「法的根拠なんか関係ない、日本の憲法学通説でドイツ国法学に即した考え方を憲法解釈の基盤と決めているのだから、法的根拠などいらない、偉い憲法学者が集まって決めているのだからどうしようもないだろう」といった雰囲気が、日本国内に蔓延している。しかし国際政治学者こそが実定法上の根拠の不在を問題視し、憲法学者のほうは全く実定法上の根拠を気にしていない、というのは、全く不思議だ。奇妙すぎる。しかし残念なことに、それが日本のガラパゴス化した常識になってしまっている。

自衛権は、本来は国際法上の概念であり、憲法学者は口出ししなければそれでよかった。ところが憲法学者のほうから積極的に、国家の自己保存などという極度に抽象的で証明されない概念による空中戦を仕掛ける態度が、平然と認められてきた。国家の自然権などというガラパゴス的な議論が、自衛権を認めるための唯一の方法であるかのように扱われてきた。しかも驚くべきことに、それが国際法上の自衛権の根拠だ、といったガラパゴス化した議論が、平然とまかり通ってきた。

23　藤田久一『国際法講義Ⅱ――人権・平和』（東京大学出版会、１９９４年）、４０１頁。
24　横田喜三郎『自衛権』（有斐閣、１９５１年）、13頁。
25　大沼『国際法』、３２９頁。

それは、日本国憲法典よりも、現代国際法よりも、19世紀ドイツ国法学に近い世界観によるものだ。19世紀ドイツ国法学を模倣していた戦前の時代に作られた憲法学の栄光を信じる態度だ。そこで19世紀ドイツ国法学に特有であった、「国家の基本権(Grundrechte)」のような思想を、あたかも絶対的な真理であるかのように振りかざすことになる。しかし、それは現代世界では異様な光景だ。

19世紀ドイツ国法学の雄であるイェリネクの著作を見てみよう。100万部を売った憲法学の基本書で知られる芦部信喜が若かりし頃に日本語に訳して出版したゲオルク・イェリネク『一般国家学』を、見てみよう。

イェリネクは、国家の「法学的説明」としては、「権利主体として国家を把握すること」が最も妥当であると主張した。「このような集合的統一体は人間個人に劣らず権利主体としての能力をもつ」のであり、「この実体が法秩序が結びつけられる実在」として主張されるものであった。[26] イェリネクによれば、自衛権とは、この「権利主体としての国家」の「基本権」であった。「総体とその成員の保護、それに加えて、外的侵害に対する自己の領土の防衛は、もっぱら国家に属する。この活動と、これに対応する目的は、国家には、そのもっとも未発達の形態においてすら決して欠けることはなかった[27]」。

日本の憲法学は、戦前の美濃部達吉・東京帝国大学法学部教授の時代に確立され、現在もいわば美濃部の弟子筋である東大法学部の流れを、全国の諸大学に浸透する人事のヒエラルキーの頂点にしているだけでなく、司法試験・公務員試験を通じて「学界通説」の基盤にもしている。その美濃部の学説は、ドイツ国法学イェリネクの議論を、ただそのまま日本に当てはめただけと言ってもいい「国家法人説」であった。

国家法人説では、国家とは独自の権能を持つ独立した法人格を持つ存在であり、それは国内社会における自然人と同じである。換言すれば、イェリネクらドイツ国法学の影響が強まれば強まるほど、自衛権を国家の基本権とみなす傾向が強まることになる。そして憲法学者たちが、自衛権は、「伝統的に国家固有の権利」であり、「自然法上の自己保存権として説かれ」てきたもので、「憲法の条規を超えた『不文の憲法原理』による」ものだなどと説明するようになった。[28]

美濃部と同時代に東京帝国大学法学部で国際法講座教授を務めていた立作《たち》太郎は、ド

26　G・イェリネク（芦部信喜他訳）『イェリネク・一般国家学』（学陽書房、1974年）、128頁。
27　同上、206頁。

イツ国法学の発想を基盤にしていた。[29] 20世紀初頭の話である。しかし、すでに立の後に東大法学部で国際法を講じた横田喜三郎は、19世紀のイェリネクではなく20世紀のケルゼンを信奉し、戦前の時代から国家の基本権の思想を否定した。[30] 横田によれば、国家の「基本的権利義務の説は自然法的な学説の所産であつて、厳格な実定法の立場からは反対説が正当であらう」。[31] その横田ですら、京都大学教授・田岡良一が「国際法上の自衛権」を論じた際、「国内法上の自衛権の概念を模して国際法上の自衛権を説」いているという理由で、立とともに名指しで批判された。[32] それくらいに国際法の枠組みは、国内法とは違っている。

国際法の基本書では、「(自衛権を「固有の権利」とする憲章51条は)自衛権を超実定法的な国家の自然権とみなすものではなく、あくまで国際慣習法の範囲内での基本権能をいうにすぎない。……国内社会では、法の執行手段が集権化され法益侵害の態様も特定されており、したがって正当防衛はやむをえずとられる例外的な自救手段である。これに対して国際社会では自衛権は、各国がひろくその権利・利益に対する重大な侵害(侵害法益の未分化)を排除するためにとりうる正当な手段」である、と説明される。[33]

ところがこれに真っ向から挑戦するのが、日本の憲法学通説である。

憲法学通説の発想では、戦争の放棄によって、自衛権の行使であろうが何であろうが、憲法学者が戦争とみなすもの全てが禁止される。そのために「自衛権の行使」という概念を嫌い、「自衛戦争」という概念だけを論じるべきだ、ということになる。

ただし最近では、社会的孤立を恐れた一部の憲法学者が、自衛権を留保して、例外として、認めようとした。そこで苦肉の策として、国家の自己保存に基づく自然権の行使が自衛権だ、といった説明に身を染めてしまうことになった。

28　高見勝利「第4章　平和主義」、野中俊彦・中村睦男・高橋和之・高見勝利『憲法Ⅰ』第5版（有斐閣、2012年）所収、168頁、高見勝利「集団的自衛権行使容認論の非理非道――従来の政府見解との関連で」『世界』2014年12月号、180頁。

29　立作太郎『平時国際法』（第四版）（日本評論社、1934年）参照。

30　横田喜三郎『国際法講義』（第一巻）（有斐閣、1933年）、55-56頁。

31　横田喜三郎「国家の基本的権利義務」我妻栄・横田喜三郎・宮澤俊義（編）『岩波　法律学小辞典』（岩波書店、1937年）所収、380頁。

32　田岡良一『国際法上の自衛権』（新装版）（勁草書房、2014年）（初版1964年）。

33　山本草二『国際法（新版）』（有斐閣、1994年）、732頁。

しかし最初から、先に成立していた国際法規範を前提にして、9条1項が成立していることを受け止めていれば、国家の自然権なる怪しい概念に全てを委ねる必要はなかった。

国際法では、自衛権の行使は違法ではない。それは自衛権の行使が例外的な戦争行為だからではなく、全く別の理由によって正当化されるものだからだ。

戦争が違法なのは、それが国際法秩序を揺るがすものだからだ。そうだとすれば、違法行為に対する対抗手段が正当化されなければならない。自衛権の行使は、違法行為に対する対抗手段である。違法行為が行われているところでのみ、自衛権は行使される。

憲法学通説のように、自衛権の行使をいちいち「自衛戦争」と言い換え、要するにそれも一つの戦争さ、といった態度をとるのは、全く無責任である。

そうではない。侵略行為としての戦争が違法なのであり、違法行為に対抗する手段、つまり自衛権の行使は、合法なのである。そうでなければ、法秩序は維持できない。侵略者が現れても対抗措置をとってはいけないとしたら、国際社会は崩壊する。

ドイツ国法学全盛の戦前の日本であれば、自衛権の行使は正当防衛と同じであるかのようにみなされた。[34] これは典型的な「国内的類推（domestic analogy）」の発想で、現

コラム　19世紀ドイツ国法学

19世紀ドイツ国法学の特徴の一つは、国家という法人格を、あたかも実体を持った有機的存在であるかのように「自然人」のアナロジー（類推）において語ることである。この発想の延長線上に、他者に攻撃された自然人が正当防衛の権利を行使するのと同じ事情で、国家は自衛権を行使する、という考えが生まれる。憲法学通説が「個別的自衛権だけは合憲」と主張するのは、19世紀ドイツ国法学の影響が決定的であった20世紀前半の美濃部達吉らによって作られた伝統が、いまだに根強いためだと言える。

19世紀ドイツ国法学の発想では、自衛権は、国家の「自己保存」の「基本権」としてとらえられる。そこで国家理性にもとづいて自己保存のために国家が戦争をしている場合には、「交戦権」といった交戦国特有の権利の行使も認められる、という発想も出てくる。しかしこれは、20世紀以降の現代国際法が否定している考え方である。

日本の憲法学通説では、「交戦権」を否定しているのは日本だけで、日本以外の全ての諸国は「交戦権」なるものを行使できる。つまり、日本以外の全ての諸国は、自由意思で宣戦布告をして戦争を開始することができ、戦争状態における交戦国としての特別な権利を行使することができる、と主張されているのである。これは、現代国際法を完全否定する極めて危険な主張であるだけでなく、全く現実から乖離した法的根拠のない見方である。

代国際法では採用されない。[35] ところが憲法学界では、この類推を黙認し、適用してきた。「国家の自衛権が、個人の正当防衛権に、——類比の当否は別として——しばしばなぞらえられてきた」というところから、[36] 議論を展開させてきたのである。

正当防衛は、あくまでも国内社会で自然人を律する刑法における概念であり、自然人による行為について使う概念だ。警察権力のような公権力が存在している国内社会の状況でもなお、やむをえず行った緊急避難措置については、違法性を阻却してあげよう、というのが、正当防衛だ。

自衛権は、正当防衛ではない。国家は、自然人ではない。国家は、それ自体が公権力の主体だ。世界政府がない国際社会では、国家を上回る超越的権力はない。自衛権の行使それ自体が公権力の行使なのである。

1928年不戦条約が自衛権の留保を認めていたため、第二次世界大戦を防げなかった、だから憲法9条は自衛権を否定した、などといった言説もあった。それは全く違う。しかもそれだけではない。危険だ。そのような極右勢力と結託した戦前の日本を正当化する言説は、危険極まりないものだ。

憲法制定当時の東京大学法学部憲法第一講座担当教授であった宮沢俊義は、浅井清が学校教科書として執筆して有名になった『あたらしい憲法のはなし』と同じ題名で同じ１９４７年に出版された書物において、次のように述べていた。

「不戦条約では世界の国々が侵略戦争はしないと約束した。しかし、外国から攻められたとき自分の国を守るために戦争をするのは、さしつかえないことになっていた。ところが、新憲法は、侵略戦争ばかりでなく、どんな戦争でも戦争というものを全部否認している。いわゆる自衛戦争――すなわち、外国から攻められたときに自分の国を守るためにはじめる戦争――も、やってはいけないというのである。……どうか世界の国々も、ほんとうに世界に平和をうちたてるには、世界じゅうの国々がみんなで軍隊をやめ、みんなで戦争を放棄するよりほかに道がない、ということを知っていただきたい。そして、できるだけ早く日本の例にならっていただきたい[37]」

34　立『平時国際法』、１８１頁。
35　篠田『集団的自衛権の思想史』、36-41頁。
36　樋口陽一「第二章　戦争の放棄」樋口陽一他『注釈　日本国憲法（上巻）』（青林書院新社、１９８４年）、１７３頁。

憲法学者が、憲法制定時に何をしたかが象徴的に示されている文章だ。宮沢は、戦前の軍国主義の日本を称賛していた自分の姿を反省することはなかった。それどころか、終戦後すぐに、世界の国々は日本を模倣しろ、などと主張していたのである。

このような憲法学者は、危険極まりない。実際には、憲法9条は、戦前の日本の姿への反省から生まれた。自衛権の概念を悪用し、自衛権の行使ではない行為を自衛権の行使だと強弁して侵略行為を続けた戦前の日本を反省して、できあがった。

それなのに、「悪かったのは自衛権を留保した国際法のほうだ、自衛権などがあったから日本は悲惨な目にあったのだ。ところで憲法9条は国際法を否定して自衛権を否定した、したがって日本は素晴らしい」などと大真面目に主張するのは、恐るべき倒錯である。危険な開き直りである。単にガラパゴス的だ、ということだけで済まされる話ではない。

果たして第二次世界大戦は、日本が自衛権を悪用して侵略行為を行ったから起こったのか。あるいは国際法が自衛権を認めたから起こってしまったのか。根本的に対立する世界観だ。伝統的な憲法学者の憲法9条解釈では、あたかも自衛権を認めた国際社会が悪いような言い方をすることに躊躇しない。悪用して侵略行為を起こした日本の責任を覆い隠そうとしているかのような言い方であることに気づいていない場合が多い、典型的なガラパゴス言説である。

自衛権があるなどという理由で国際法を非難する前に、自衛権を悪用して侵略行為を行った日本を反省するべきだ。そしてむしろ、しっかりと国際法を遵守することを誓うべきだ。

ところが、その障壁になっているのが、憲法学者たちである。あたかも、悪かったのは自衛権を悪用した日本ではないかのように、自衛権を認める国際法のほうを馬鹿にして、責任転嫁を助長する。罪深いことだ。

憲法学者が、個人的な感想として、「世界政府がなく、世界憲法も持たない国際法は野蛮だから嫌いだ、憲法の方が好きだ」といったことを言うのは、個人的な嗜好の問題としては、勝手だ。自由にお喋りをすればよい。だが、それは、あくまでも個人的な趣味の範囲内の話でしかない。

国際法は、国家を上回る超越的権力がないという前提で成立している法体系であり、

37　宮沢俊義『あたらしい憲法のはなし』（朝日新聞社、１９４７年）、62、64頁。

そのようなものとして法的効果を持っている。世界政府がないから低級だとか、とにかく正当防衛の概念をあてはめて理解するのが高級な考え方だ、と主張するのは、単なる偏見の吐露でしかない。そのような偏見を、19世紀ドイツ国法学の妖しい権威に訴えて正当化しようなどとするのは、危険だ。しかも、一方的に国際法を軽視する風潮を日本社会に撒《ま》き散らし、あたかも第二次世界大戦の惨禍は自衛権を口実に侵略行為を行った国によって引き起こされたのではなく、自衛権を認めた国際法によって引き起こされた、などという考え方を学術的な裏付けのあるものだと主張してみせるような行為は、特に非常に危険である。

ところが日本では、危険なまでに実際の国際法の内容を無視して国際法を説明しないと、法律家にも公務員にもなれない。日本では、法律家や公務員とは、試験に合格するために、国際法を蹂躙することを強いられた経験を持つ者たちのことである。日本社会でガラパゴス主義が蔓延するのは、無理のないことだと言えよう。過去の遺物である19世紀ヨーロッパ国際法を参照して国際法を理解し、戦前の大日本帝国憲法時代に作られた概念構成を自明の前提にしなければ、日本では法律家になれない。19世紀にプロイセン憲法を模して作られた大日本帝国憲法時代の憲法学の栄光を受け入れるのでなければ、

「お前は法律家ではない」とだけ言われて、無視されてしまう。

日本国憲法が、現代国際法を受け入れているのか、現代国際法に挑戦しているのかは、非常に大きな違いである。20世紀現代国際法は、19世紀ヨーロッパの「無差別戦争観」を否定したうえで、戦争放棄を謳っている。ところが19世紀ヨーロッパの「無差別戦争観」を振りかざして独善的な戦争の放棄をするのであれば、結果として、現代国際法を否定することにつながってしまう。

日本国憲法は、国連憲章が成立した後、現代国際法を前提にして起草された。ところがその日本国憲法を、19世紀ヨーロッパ国際法を前提にして解釈するという錯誤が、長期にわたって日本人の思考を支配してきた。大日本帝国憲法下の戦前の憲法学の栄光に浸る心情が、時代錯誤の「無差別戦争観」で憲法を解釈する姿勢を固定化させてしまった。

現代国際法では「無差別戦争観」のような考え方は否定されている。いわゆる「国際法の構造転換」が20世紀に起こったからだ。「国際法の構造転換の軸を形成するのは、なにはさておき、戦争および武力行使の違法化である」[38]。国連憲章体制の成立を前提にした１９４６年日本国憲法は、その戦争観の構造転換を前提にして成立している。憲法の文言が、それを示している。

憲法9条1項をめぐる解釈の混乱は、日本国憲法の国際主義と、ガラパゴス解釈主義の戦いの構図を象徴する。

繰り返そう。憲法9条は、戦前の日本の行動を反省し、国際法に沿って行動することを誓っている条項だ。前文からしっかり読めばはっきりわかる。憲法9条は、国際法を遵守し、国際法秩序と調和した平和主義国家を目指す、という本来の日本国憲法の精神が発現された条項だ。

憲法の精神を否定する社会勢力を、盲目的に信じることは、非常に危険である。

38 石本泰雄『国際法の構造転換』、3頁。藤田『国際法講義Ⅱ』、394-395頁。

2．本当の憲法9条2項「戦力」不保持

9条2項「戦力不保持」条項は、国際法で違法化されている「戦争（war）」を行うための潜在力である「戦力（war potential）」を保持しないことを日本国民が宣言した、現代国際法遵守のための条項である。自衛権行使の手段の不保持は宣言されていない。

9条2項は、国際法を遵守しようとする日本国憲法の条文と、憲法学の通説が、さらにいっそう鋭く対峙する、劇的な瞬間である。9条1項よりもさらに激しく、国際主義とガラパゴス主義の戦いが、9条2項をめぐって引き起こされる。

まずは憲法9条2項の条文を見てみよう。

前項の目的を達するため、陸海空軍その他の戦力は、これを保持しない。国の交戦権は、これを認めない。

この条文は、二つのことを言っている。「戦力」不保持と、「交戦権」の否認である。9条2項を理解するということは、「戦力」と「交戦権」を理解するということである。

この9条2項についても、憲法学通説のイデオロギー的かつガラパゴス的な解釈態度が、今でも日本社会では通用してしまっている。しかもその9条2項のガラパゴス解釈を、9条1項のガラパゴス解釈の根拠にする、といった倒錯した解釈姿勢が「通説」となってきたことは、すでに見たとおりだ。

しかし法解釈は、法的概念を参照する形で行うべきだ。単なる人気投票の結果にすぎない「通説」の存在だけを根拠にして行うべきではない。

当然だが、2項は、1項の後に続く条項である。1項の内容、つまり「戦争」放棄を補強する意図で作られたのが、2項である。1項の意味を覆すために2項が挿入されたかのような解釈は、不自然である。2項の「戦力」不保持は、「戦争」放棄を補強する条項である。2項が1項と矛盾しているはずはない。

9条2項は、「前項の目的を達するため」という言葉で始まる。これは9条2項が、1項の内容を受けて制定されたものであることを強調するための語句だ。これは「芦田修正」として憲法学界で評判が悪い部分だ。しかし、後述するように、「芦田修正」は、2項の位置づけを明確にし、不自然な解釈を防ぐための措置であった。

そう考えると、2項の「戦力」不保持で不保持が宣言されている「戦力」が、GHQ（連合国軍最高司令官総司令部）草案の最初の憲法草案の段階から、「war potential」のことであったことの意味がわかってくる。「戦力」は、「戦争（war）」の「潜在力（potential）」のことである。それが、語句の解釈の観点からも、9条全体の一貫性の観点からも、最も論理的な理解だ。

1項の「戦争」と、2項の「戦力」概念は、二つの別個の概念ではない。1項の「国権の発動としての戦争（war as a sovereign right of the nation）」の潜在能力が、「戦力（war potential）」なのである。

1項の「戦争（war）」に「潜在能力（potential）」という語を付け加えたのが、「戦力」と簡略化されて表記されている「戦争潜在能力（war potential）」のことである。

日本国憲法の草案がGHQによって作成される前、ダグラス・マッカーサーはいわゆる「マッカーサー・ノート」と呼ばれる三原則を、コートニー・ホイットニー民政局長に手渡しした。よく知られているように、そこでは「戦争」一般だけでなく、「自己の安全を保持するための手段」も放棄する考え方が、9条1項に対応する部分で、記されていた。しかしこの自衛権の放棄については、ありえない、というGHQ内の意見によって、実際の草案には反映されなかった。後の発言からすると、マッカーサー自身も、草案作成時点で、自衛権の放棄はありえない、という意見に納得したのだと思われる。

実は9条2項に対応する部分では、「マッカーサー・ノート」には、「いかなる日本陸海空軍も決して許されない」という文言があっただけであった。GHQ草案作成段階で、「戦力（war potential）」概念が挿入された。そしてこれによって「陸海空軍」に「戦力」の例示としての位置づけの制約がかかるようになった。[39] つまり、9条2項で不保持が宣言されているのは、あくまでも「戦力」としての「陸海空軍」である。「戦力（war potential）」ではない軍隊は、不保持が宣言されていない。

1項に対応する部分で、「戦争」一般の放棄の内容が確定したのにともなって、2項に対応する部分で、「戦争」遂行の潜在能力（war potential）の不保持を定めるようになった。そして、「戦力（war potential）」の概念が登場するようになったのである。したがって９条１項以降が自衛権を否定せず、「国権の発動としての戦争（war）」を放棄したのに対応している以上、９条２項も「戦力（war potential）」の不保持を定めて、自衛権行使の手段の不保持を除外していると考えるのが、最も論理的である。これについてもマッカーサー自身も、草案作成段階で、自衛権行使の手段の不保持はあり得ない、という意見に納得したのだと思われる。「陸海空軍」に、「戦力（war potential）」としての、という制約が加わった事情は、１項からの論理の一貫性を考えれば、明断である。

この非常に簡明な１項と２項の関係さえつかめば、９条２項解釈は、単純である。９条１項は、国際法上の違法行為である「国権の発動としての戦争」を放棄する、という国際法遵守の宣言であった。９条２項は、その違法行為である「国権の発動としての戦争」を行うための「潜在能力（war potential）」を保持しない、という宣言である。戦争という違法行為を行わない宣言をしたのだから、違法行為を行うための潜在能力

39　佐藤達夫『日本国憲法成立史』第３巻（補訂）（有斐閣、１９９４年）、20-21頁。

を持たないのは、論理必然的に自明のことではある。ただ、第二次世界大戦終結直後に制定された日本国憲法だ。そこは9条の1項と2項で繰り返し強調があったとしても、奇異ではない。

まして違法行為を行った組織として解体が進められた大日本帝国軍は、１９４６年２月のＧＨＱ草案起草の段階で、まだ完全には解体されきっていなかった。「(国権の発動としての)戦争を行うための潜在能力」と言うべき大日本帝国軍を解体する国内法上の根拠を明確にしておきたい、と憲法起草者が考えたとしても、奇異ではない。

したがって、そこに「自衛権行使」の手段の保持を禁止したかのような含意を見出そうとするのは、無理だ。「戦力(war potential)」不保持は、違法行為である「戦争(war)」を行うための「潜在能力」を持たない、という条項であり、それ以外のことは言っていない[40]。

「陸海空軍その他の戦力(land, sea, and air forces, as well as other war potential)」という文言で登場する際の「陸海空軍」とは、「戦力」、つまり「(国権の発動としての)戦争を行うための潜在能力」として持つものの例示としてあげられているにすぎない。つまり、「戦争潜在能力としての陸海空軍」のことである。9条2項が言っているのは、

「戦争潜在能力としての陸海空軍は持たない」ということである。陸海空軍と名がつくものは全て持たない、という意味ではない。

1941年にアメリカのフランクリン・D・ローズベルト大統領とイギリスのウィンストン・チャーチル首相が大西洋上で発した宣言「大西洋憲章」は、今日の国連も公式に連合国（United Nations）の原則を定めたものとして認めている重要テキストである。その8項目には次の文言がある。

「もし国境を越えて攻撃をする脅威を与える、あるいは与えるかもしれない諸国家によって陸・海・空軍力が用いられるならば、未来の平和は保たれないのであるから、ローズベルトとチャーチルは、次のように信じる。一般的な安全保障に関する広範かつ恒久的な仕組みができるまでの間、そのような諸国家の武装解除が重要であると。（Since no future peace can be maintained if land, sea, or air armaments continue to be

40　横田喜三郎は、「砂川判決」において最高裁判所は、自衛のための戦力の保持を否定しなかった、と解説する。横田喜三郎「憲法の戦争放棄の限界」『国際法外交雑誌』59巻1・2号、1960年、208-209頁。

employed by nations which threaten, or may threaten, aggression outside of their frontiers, they believe, pending the establishment of a wider and permanent system of general security, that the disarmament of such nations is essential.)」

　したがって日本が侵略国家である限り、武装解除の対象になる。国連憲章には有名な「敵国条項」があり、たとえば連合国（United Nations）の「敵国」が、第二次世界大戦により確定した事項を無効にしようとする場合などには、国連加盟国に軍事行動を含む措置をとることが許される（憲章53条・１０７条）。「敵国という語は、第二次世界戦争中にこの憲章のいずれかの署名国の敵国であった国に適用される」とされているので、日本やドイツがこれに該当する。大西洋憲章で武装解除の対象とされた侵略の脅威を与える諸国というのも、日本やドイツのことである。ただし、厳密には、大日本帝国やナチスドイツが該当し、今日の日本やドイツがあてはまらないことは、国際的な共通理解となっている。大西洋憲章の文言からしても、生まれ変わって国連憲章体制下の国際法を遵守する姿勢をもって「一般的な安全保障に関する広範かつ恒久的な仕組み」である国連に加盟したならば、日本やドイツはいわば「連合国（United Nations）」側に立つことになる。つまり侵略国家ではなくなり、武装解除の対象からは外れるわけである。

大日本帝国軍は「戦力」であり、自衛隊は「戦力」ではない。

日本国憲法9条2項は、厳然とした歴史的背景と国際法体系に沿った形で解釈すべきものである。万が一にも憲法学者の言語感覚によって感性的に決められるべきものではない。

大西洋憲章や国連憲章に沿って憲法を解釈することをもって、「日本をアメリカの属国にすることだ」と叫ぶ人々もいる。極右国粋主義者と、反米憲法学者である。そういったイデオロギー的な叫びは、少なくともおよそ法律的な議論にはなじまない。

憲法9条2項の戦争潜在能力（war potential）としての「戦力」は、きちんと国際法と9条1項に沿った形で、精緻な法律論の枠組みに沿った形で、解釈すべきものだ。国際法の上位に憲法学者の基本書を置くような倒錯した姿勢で、解釈すべきものではない。

たとえば災害救援を目的にした陸海空軍（land, sea, and air forces）であれば、憲法9条2項違反にならない。自衛権行使を目的にした陸海空軍（land, sea, and air forces）も、同じだ。違法行為である「戦争（war）」の遂行を目的にしておらず、「(国権の発動としての）戦争を行うための潜在能力（war potential)」ではないため、9条2項で禁止されているとは認められない。

9条2項は、自衛権行使を目的にした陸海空軍（land, sea, and air forces）を、禁止していない。

GHQ草案で「war potential」だったものを、当時の日本人たちが、むしろ直訳して「戦争潜在力」と訳してくれていたら、どうだっただろう。戦争の潜在能力を意味する「war potential」に対して、こなれた日本語の概念の「戦力」をあててしまおう、などと思いつく者さえいなかったら、どうだっただろう。戦後70年以上にわたる憲法9条2項をめぐる解釈論の混乱は、避けられたか、少なくとももっと違ったものになっただろうと思われる。

憲法学者が、アメリカの影を消し去ることに血眼になり、「戦力」の内容の確定にあたって草案段階の「war potential」を参照することを避け続けようとさえしなかったら、9条2項解釈には、何も難しいところはなくなる。宮沢俊義は、世界の国々は日本を真似ろ、と1947年に主張することもできなかっただろう。代わりに、憲法学者を信じなければ日本はアメリカに隷従することになる、といったセンチメンタルな思い込みも生まれていなかったかもしれない。

これは日本語の憲法典が正文で、英語は正文ではない、といった議論とは関係がない。

9条の1項と2項を論理的に整合するものとして解釈するか、あるいは憲法学者の言語センスと政治的嗜好に全てを委ねて感覚的あるいはイデオロギー的に解釈するか、という解釈姿勢の問題である。

9条1項は、「戦争（war）」を放棄した。9条2項は、その放棄した「戦争（war）」を遂行するための「潜在力（potential）」を持たないことを宣言した。

何も難しいところがない。単純明快に考えればいいのだ。

9条は、1項と2項をあわせて、戦争を違法化した現代国際法を遵守することを誓った条項だ。それ以上のものでも、それ以下のものでもない。

それではアメリカの属国になるとか、それでは戦前の復活になる……などの全く頓珍漢な非法律論のイデオロギー的言説さえ排すれば、憲法9条1項と2項の意味は、単純明快なのである。

「『戦力』を侵略目的とそうでないものとに区別しようとする……のは、ことの性質上そもそも不可能だ」「兵器の目的や性能によって、攻撃的兵器と防衛的兵器を区別することは非常に難しくなっている」といった指摘もある。[41]「戦力」という日本語の雑駁なイメージに引き寄せられた印象論だと言わざるを得ない。

目的を基準にして所有物の質的な差を認定するというのは、全く普通の法律論である。人を殺傷することが目的だと明言して保有している刀剣は、凶器であり、公権力を行使して取り上げていい。他方、美術品として鑑賞することを目的にして保有している宝剣は、違法所有物ではない。目的宣明を行い、所定の法的手続きで処理すればいい。

陸海空軍も、違法行為である戦争を行う潜在能力ではないことを宣言し、通常法などを通じた管理措置をとれば、それで違憲存在ではないことが確定するはずのものだ。

違憲なのは、違法行為である「戦争（war）」を行う「潜在能力（potential）」である「戦力（war potential）」なのである。陸海空軍も、「戦力（war potential）」でなければ、違憲にはなりえない。これが論理的な9条2項の「戦力」概念の解釈である。憲法の国際主義にのっとって、国際法規範とも調和した形で運用できる9条2項の解釈だと言ってもよい。

まとめてみよう。「戦力（war potential）」とは、現代国際法で違法である「国権の発動としての戦争（war）」（国家の至高性にもとづいて国家が宣戦布告をして他国を攻撃する行為）を行うための潜在能力のことである。1項の内容を補足しているのが2項であり、違法行為である「戦争」を遂行するための手段を持つこともない、という宣言が、

２項の「戦力不保持」の意味である。「陸海空軍」という例示は、あくまでも「戦力」として存在するものについて参照されている。そこに自衛権を行使するための手段を放棄するという含意はない。自衛権行使の手段としての軍隊組織を持ってはいけないと解釈する必要もない。

こうした解釈そのままに、憲法９条の最初の草案の起草を命じたダグラス・マッカーサー将軍は、憲法９条は自衛権を否定しておらず、自衛権行使の手段の保持も否定していない、と明言していた。

「第９条は、国家の安全を維持するため、あらゆる必要な措置をとることをさまたげていない。……第９条は、ただまったく日本の侵略行為の除去だけを目指している。私は、憲法採択の際、そのことを言明した[42]」

アメリカの陸軍士官学校を抜群の成績で卒業し、一貫して高い地位で国際法規範の進展を見守っていたマッカーサーは、当時の日本人の誰よりも、日本の憲法学者よりも、国際法を理解し、国際法の考え方を血肉にしていた人物だったのだろう。あまりにも国

41　樋口「第二章　戦争の放棄」、１７７頁、芦部『憲法』、64頁。

際法の考え方を自然にしていたため、その用語を日本の憲法学者でも理解できるように丁寧に説明したりしなかったことは、彼の限界だったかもしれない。だが、それは必ずしも彼の責任ではない。

国会における憲法審議を行った憲法改正小委員会の委員長であった芦田均も、国際法にも精通した人物であった。彼が9条2項の冒頭に挿入した「前項の目的を達するため」という文言は、憲法学者からの不当な誹謗中傷にさらされてきた悲劇の挿入句だ。芦田の委員会は、9条2項と1項の連動性を確かにするため、そして9条全体と前文の国際主義との関係を確かにするため、2項の冒頭に「前項の目的を達するため」という語句を挿入し、1項の冒頭に「日本国民は、正義と秩序を基調とする国際平和を誠実に希求し、」という文言を挿入した。本来、素直に論理的に日本国憲法を読めば、これらの挿入句は、必ずしも必要ではなかった。だが論理構成をよりいっそう明確にするために、芦田の委員会は、これらの語句の挿入を行った。

ところがそのために、芦田は70年にわたって、憲法学者からの誹謗中傷の対象になり続けてしまった。芦田は、憲法学者にとって、憎き排斥すべき敵となった。なぜなら芦田が、憲法の国際主義を強調し、憲法9条を国際法に沿って解釈することが正しい解釈だと確信していたからだ。そこで憲法学者たちは、「芦田修正は破綻している」といったプロパガンダを繰り返し強調し、芦田の名とともに憲法の国際主義を葬り去ろうとしてきた。

「芦田修正」をめぐっては、修正を施すと憲法9条の意味が変わる、と芦田が言っていなかった、といったことが憲法学者らによって強調されることがある。修正を施したときには意識していなかったが、「後になって、修正後の9条は自衛のための戦争や軍備を許容しているとの見解を明らかにした」[43]。

だがそのような憲法学者の言説は、事実とは異なっている。

---

42 Douglas MacArthur, General of the Army, "Reminiscences", [New York: McGraw-Hill Book Company, 1964], p. 304. なお邦訳のダグラス・マッカーサー（津島一夫訳）『マッカーサー大戦回顧録』（改版）（中央公論新社、2014年）、458頁、には、原文の「Article 9 was aimed entirely at eliminating Japanese aggression」の部分を、「第九条は、他国による侵略だけを対象にしたもので」と訳すなどの問題が見られる。

43 長谷部恭男『憲法』第7版（新世社、2018年）、56頁。

「芦田修正」によって憲法９条の意味が変わったと想定するから、話がおかしくなる。そういうふうに決めつけるから、芦田は「修正」で９条の意味を変えると宣言していなかった、どうせ後で思いついただけだろう云々、という話になる。

しかし、芦田にとって、修正措置は、憲法９条の本来の内容を明確化するだけの措置だったのだ。だから、芦田自身は、「芦田修正」によって、憲法９条の意味が変わるとは言わなかったのである。

１９６１年の憲法調査会に対する証言で、確かに芦田は、「芦田修正」の挿入の効果を強調した。だが「芦田修正」が憲法９条を１８０度捻じ曲げた、とまで言ったわけではなかった。むしろ「いかなる条約にも憲法にも自衛のための武力を禁止したものは世界に存在しておりません」と述べたうえで、「ただ第九条の原案第二項はこの点についてきわめてあいまいであり、いかなる場合にも武力の行使を禁じたもののごとく映る。これを明白にするためにはこの修正が多少なりとも役立つと考えたのであります」と説明した。[44]

すでに憲法審議が行われたばかりの１９４６年の著作で、芦田は次のように主張していた。

「第九条の規定が戦争と武力行使と武力による威嚇を放棄したことは、国際紛争の解決手段たる場合であつて、これを実際の場合に適用すれば、侵略戦争といふことになる。従つて自衛のための戦争と武力行使はこの条項によつて放棄されたのではない。又侵略に対して制裁を加へる場合の戦争も、この条文の適用以外である。これ等の場合には戦争そのものが国際法の上から適法と認められているのであつて、一九二八年の不戦条約や国際連合憲章に於ても明白にこのことを規定しているのである」[45]

これは、１９４６年の芦田の著作である。

ここで芦田は、「戦争」という言葉をやや無造作に用いてしまっており、やや精緻さを欠いている。しかし芦田の意図は、本書が説明していることと同じだ。「侵略戦争」と芦田が呼んだものが、憲法の「国権の発動としての戦争」であり、「自衛のための戦争」と芦田が呼んだものが、正確には自衛権の行使としての武力行使のことである。そして「制裁を加へる場合の戦争」は、正確には集団安全保障の行使としての武力行使の

44　憲法調査会事務局『憲法制定の経過に関する小委員会報告書』（１９６１年）、５０４頁。
45　芦田均『新憲法解釈』（ダイヤモンド社、１９４６年）、36頁。

ことである。

だがいずれにせよ、少なくとも芦田自身も10年以上たってから自衛権の留保を思いついた、という憲法学主流派が用いる物語は、嘘である。芦田は、最初から、憲法制定の年から、「芦田修正」の内容を主張していたのだ。

憲法学で流通している芦田の評価は、全く不当である。芦田の名誉は回復されるべきだ。芦田は、日本国憲法の論理構成を、よりいっそうわかりやすく明晰にしようとしただけだ。結託して陰謀をはりめぐらせ、憲法の論理構成から逸脱した解釈を日本社会に押し付けるために運動をし続けてきたのは、憲法学者たちのほうである。

憲法学者たちは、「戦力」を言葉のイメージだけでとらえる。法的根拠を示さず、論理的な説明も施さず、ただ言葉のイメージで思いついたことを、あとは憲法学者の間の多数決の人気投票だけで「通説」と呼び始める。そして、憲法学者の間の連想ゲーム人気投票の多数決だけを根拠にして、自衛権行使の手段としての軍隊まで違憲だ、などと声高に叫び始めてしまう。こうした所作は、およそ法律論の世界の出来事とは思えない。

代表例として、芦部信喜『憲法』を見てみよう。「学説は一般に厳格に解釈しているが、政府はそれをゆるやかに解する立場をとる」と説明する。芦部の言う「最も厳格な解釈は、戦争に役立つ可能性のある一切の潜在能力を『戦力』だとする説である。……通説は、戦力とは、軍隊および有事の際にそれに転化しうる程度の実力部隊であると解している。……軍隊とは、具体的には、組織体の名称は何であれ、その人員、編成方法、装備、訓練、予算等の諸点から判断して、外敵の攻撃に対して国土を防衛するという目的にふさわしい内容をもった実力部隊を指す。この解釈を一貫させていけば、現在の自衛隊は、その人員・装備・編成等の実態に即して判断すると、九条二項の『戦力』に該当すると言わざるをえないであろう[46]」

ここでまず気づくのは、芦部が説明なく無造作に「戦力」を「軍隊」と同視し、「軍隊」だから自衛隊は違憲の「戦力」である、と結論づけていることである。ところが芦部は、あるいは芦部以外の憲法学者は誰も、「戦力」と「軍隊」を完全に同一視することに、何も説明・論証を施そうとしない。

これでは法的な議論にならない。単なる断言・断定でしかない。「私、東大法学部教授であるこの芦部信喜は、『戦力』と『軍隊』は同じだと思う、なお論証は不要、憲法

46　芦部『憲法』、61頁。

学界で『通説』になっていることのみを根拠とする……」というのは、法律論ではない。
たとえば、日本政府見解では、自衛隊は憲法上の「戦力」ではないが、国際法上の「軍隊」である。政府の答弁を引用してみよう。

「国際法上、軍隊とは、一般的に、武力紛争に際して武力を行使することを任務とする国家の組織を指すものと考えられている。自衛隊は、憲法上自衛のための必要最小限度を超える実力を保持し得ない等の制約を課せられており、通常の観念で考えられる軍隊とは異なるものであると考えているが、我が国を防衛することを主たる任務とし憲法第九条の下で許容される『武力の行使』の要件に該当する場合の自衛の措置としての『武力の行使』を行う組織であることから、国際法上、一般的には、軍隊として取り扱われるものと考えられる[47]」

しかしこうした政府の立場は、一般にはなかなか知られていない。憲法学の影響もあるのだろう。「私、高名な憲法学者は、戦力と軍隊が違う言葉だとは認めない。理由は、私の良識ある言語センスである」といった類の主張が、堂々と憲法学の世界で成り立ってしまっているからだ。しかしこれは、およそ法律的な議論とは言えない。むしろ一般人の世間話のレベルである。

しかも、およそ政府見解を否定しようというのであれば、よほどの理論武装が必要と思われるのだが、「私、高名な憲法学者のこの私の良識ある言語センスでは、戦力と軍隊は同じだ。したがって政府は否定されなければならない」といった話だけである。

そこで国際政治学者が、「こうした世間話のお喋りのようなものは、およそ法律論とは言えないのではないか」などと指摘しようものなら、一斉に「素人は黙れ、憲法解釈は憲法学者が独占的に行うべきだ、篠田は蓑田胸喜だ、ところで日本はアメリカの犬だ！」といった政治運動家たちの攻撃に遭ってしまう。

芦部の記述におけるもう一つの問題は、9条1項と2項を切り離して、別々に解釈しようとすることである。前述のように、「ちゃぶ台返し」で2項解釈を1項解釈の根拠とするのは、全く倒錯した態度である。

47　第189回国会衆議院「衆議院議員今井雅人君提出安倍総理が自衛隊を『わが軍』と呼称したことに関する質問に対する答弁書」（内閣衆質189第168号）、平成27年4月3日。

芦部によれば、「最も厳格な解釈」は、「戦争に役立つ可能性のある一切の潜在能力」を「戦力」と解するのだという。ところがそこで芦部が言及する「戦争」の概念の解釈にあたっては、全く9条1項が参照されないようになってしまっている。

すでに1項で戦争を放棄しているわけだから、戦争をするための潜在能力を持たないことは、何も驚くべきことではない。ただし、すでに1項で見たように、戦争を放棄することは自衛権の放棄ではない。戦争をするための潜在能力を放棄しても、自衛権行使のための潜在能力を放棄する必要はない。

憲法典に沿って言えば、「国権の発動としての戦争」が違法なもので放棄されており、したがってその戦争をするための潜在能力も持たない。

したがって日本国憲法は、自衛権は違法だとは言っておらず、したがって放棄していない。そのため、自衛権を行使するための潜在能力を持つことも違法ではない。

どこにも複雑な話はない。憲法学通説ではなく、実際の日本国憲法典に沿った言葉遣いを心がけて整理をすれば、全ては明晰になってくる。

ところが芦部らが主導する憲法学主流派は、憲法典に即した解釈を離れ、イデオロギー的な心情に訴える解釈に走っていく。「自衛戦争合憲説の問題点」なる「自衛戦争」

なるものについて、論点を作り出そうとする。

芦部によれば、（1）66条2項の文民条項以外に戦争ないし軍隊を予定した規定がない、（2）国際連合による安全保障方式を想定していた、（3）前文に宣言されている格調高い平和主義の精神に適合しなくなる、（4）自衛のための戦力と侵略のための戦力とを区別することは、実際には不可能に近い、（5）自衛戦争を認めているとするなら、なぜ「交戦権」を放棄したのかを合理的に説明できない、といった理由で、「自衛戦争」が違法だと主張できるのだという。[48]

いずれも奇妙な理由だ。

すでに指摘したように、そもそも、「自衛戦争」は合憲かどうか、という方向に論点を掏《す》り替えているのは、操作的な行為だ。「戦争」を放棄していることは9条1項で明文化されているわけだから、自衛権が合法であるとしても、「国権の発動たる戦争と、国際紛争を解決する手段としての武力による威嚇又は武力の行使」をすることが違法であることに、疑いの余地はない。自衛権の行使の合憲性は、「国権の発動たる戦争

48　芦部『憲法』、58頁。

（war as a sovereign right of the nation）」に該当するかどうかという点で、論じられなければならない。その議論をへずして、いきなり唐突に「自衛戦争」は合憲か、と問うのは、全く見当違いである。

国際法では、19世紀ヨーロッパ国際法／19世紀ドイツ国法学の意味での戦争は一般的に禁止になり、あくまでも違法行為への対抗措置として自衛権が設定される。国際法を信じる全世界の数十億人の人々を相手にして、ただ日本の憲法学通説の権威だけを頼りにして、国際法の概念構成を否定するというのであれば、せめてもう少しそれ相応の真面目な反論を提示するべきだ。

さらに（1）についてだが、本来は「文民条項以外に軍隊を予定した規定がない」と言うのであれば、その前にまず、「内閣総理大臣その他の国務大臣は、文民でなければならない」という憲法66条2項の「文民条項」にまずしっかり向き合うべきだ。なぜ「文民条項が軍人の存在を示唆している」と言えないのかを説明するべきだ。「一つだけでは足りない」というのは、個人的な嗜好としてはありえても、とても論理的な議論とは言えない。芦部ら憲法学者は、大日本帝国憲法と同じくらいの数の軍隊に関する規定が存在していなければ、もうそれで軍隊を禁止したのと同じだ、などと言いたいらしい。

しかしそんな曖昧でふわっとした印象論の話は、とても論理的な議論とは言えない。軍隊規定の不在が軍隊の違憲性を意味しえないことは、警察に関する憲法条項の不在が警察の違憲性を意味しえないことと同じである。

（2）国際連合による安全保障方式は、国連加盟国すべてにかかわる。現在であれば193か国だ。なぜ日本だけが、国連による安全保障を受け入れると、その瞬間に自衛権を行使できなくなってしまうのか。意味不明だ。自衛権を規定した国連憲章51条は、強制措置を定める条項がある憲章7章の中にある。集団安全保障と自衛権は、違法行為への対抗措置という点で、延長線上にある。国際法を参照して議論をするのなら、国際法に沿った話し方をするべきだ。

（3）自衛権を行使すると、「前文に宣言されている格調高い平和主義の精神に適合しなくなる」というのは、完全に趣味のレベルのお喋りにすぎない。法律論ではない。日本国憲法前文に自衛権行使を否定する概念・文章・論理など、一切ない。国連憲章も憲法前文も、芦部が言うようなことは書いていない。「格調高い平和主義」なる憲法学者の間でだけわかったつもりになれる言葉のみで、法律家が何かを証明したつもりになるというのは、全く驚くべきことである。

（4）芦部は、「自衛のための戦力と侵略のための戦力とを区別することは、実際には不可能に近い」というが、的外れである。悪意ある視点で見たら、自動車工場だろうが電気製品工場だろうが、世の中のものは何でも戦力として利用できるものだし、侵略のための戦力としても利用できるものだ。そもそもあらゆる人間の存在が、戦力にもなりうるし、侵略のための戦力になりうるものだ。だが、だからこそ、憲法は国際法にしたがうという審査基準を「前文」のところから示唆しているわけだから、ただそれにしたがえばいい。それが法律に沿った考え方のはずだ。

ところが、芦部ら憲法学者は、「区別できない」と断定したうえで、だから憲法学者による人気調査の投票結果に従おう、と呼びかける。全く馬鹿げている。芦部は、「区別できない」とつぶやくだけで、実際には必要な区別のための審査基準を提示しない。芦部は、何も意味のあることを言っていない。芦部は、自分が何も言っていない、ということに気づいていない。

繰り返しになるが「戦力（war potential）」とは「国権の発動としての戦争を行うための潜在能力」なので、その概念の本質的部分に「国権の発動としての戦争をするためのものか否か」に関わる性質を持っている。9条の主語は「日本国民」だ。どんなに芦部信喜という人物が、「日本国民など信用できない、そのうちに自衛隊を戦争に使うつもりだろう、全部違憲だ！」と言ったとしても、そんな意見は法律論ではない。日本国民が、国権の発動としての戦争をするために潜在能力を保持しているかどうか、それこそが憲法上の問題なのだ。

（5）芦部の「自衛戦争を認めているとするなら、なぜ『交戦権』を放棄したのかを合理的に説明できない」という言辞については、後述する「交戦権」否認をめぐる憲法学通説の喜劇的な錯誤を見ていただきたい。芦部の主張は、錯誤を正当化するのに、錯誤を根拠とする態度だ。

現代国際法に「交戦権」は存在しない。「戦争」は一般的に違法である。国際法に「自衛戦争」という概念はない。実は、憲法でも同じだ。「交戦権」と「戦争」を否定し、「自衛権」は否定していない。9条1項で「戦争」を放棄し、2項で「交戦権」を否認するのは、論理的に首尾一貫している。その現代国際法の論理にしたがえば、戦争放棄や、交戦権否認によって、自衛権は否定されない[49]。

芦部が、何か「自衛戦争」なる造語について小説家風の言説を並べようとも、そのようなレトリックは、国際法にも憲法にも関係のない修辞的な言葉の羅列に過ぎない。感覚的に「戦力」っぽいなあと憲法学者が感じるものが「戦力」だ、といった連想ゲームのレベルを出ない議論は、およそ法律論の名に値しない。

同様に、憲法学者が多数決で決めて通説となったものが「戦力」だ、といった議論は、法律論ではない。偉い東大法学部の先生が書いた基本書に書いてあることが正しいことだ、というのも、法律論ではない。

憲法典解釈を、連想ゲームや、多数決や、権威主義で決めていっていいはずがない。9条2項をめぐる議論は、おびただしい量にのぼるが、イデオロギー闘争によるものがほとんどで、あまり知的な分析がなされてこなかったのは、極めて残念なことである。正しい憲法解釈は、憲法典内在的なものであるべきだ。

49　松山健二「憲法第9条の交戦権否認規定と国際法上の交戦権」『レファレンス』2012年11月号。石本泰雄「交戦権と戦時国際法——政府答弁の検討」『国際法の構造転換』所収、筒井若水「日本国憲法における『国の交戦権』——国際法の現状との関連における解釈」寺沢一・山本草二・波多野里望・筒井若水・大沼保昭（編）『国際法学の再構築』（上）（東京大学出版会、1977年）所収。

3．本当の憲法9条2項「交戦権」否認

9条2項「交戦権」否認の条項は、戦前の大日本帝国憲法時代の観念である「交戦権（right of belligerency）」を振りかざして現代国際法を否定しないことを日本国民が宣言した、現代国際法遵守のための条項である。

憲法学者の議論の混乱は、9条2項後段の「国の交戦権（the right of belligerency of the state）」概念をめぐって、いっそう悲劇的かつ喜劇的なものとなる。

芦部『憲法』の記述を見てみよう。芦部によれば、「交戦権」とは――。

「①交戦状態に入った場合に交戦国に国際法上認められる権利（たとえば、敵国の兵力・軍事施設を殺傷・破壊したり、相手国の領土を占領したり、中立国の船舶を臨検し敵性船舶を拿捕する権利）と解する説、②文字どおり、戦いをする権利と解する説」

「国際法上の用法に従うと、①説が妥当であることになろう[50]」

いったいいつの時代に出版された国際法の教科書を参照しているのだろうか。芦部は19世紀ドイツ国法学者・イェリネクの大著を翻訳した業績を持つが、まさかイェリネクを参照しながら、21世紀に出版された本で国際法について解説しているのではないかと、疑問に思ってしまう。日本の国際法学では、『戦時国際法論』と『平時国際法論』という二つの主著を持っていたのは、第二次世界大戦前に東大法学部で講義していた立作太郎の時代までだ。

20世紀以降の現代国際法では、戦争の一般的違法化により、戦時国際法の意味が大きく変わった。単に「戦いをする権利」など存在していないだけでない。19世紀ヨーロッパ国際法で認められていた交戦国の権利も、意味をなさなくなった。武力行使に関する法（jus ad bellum）は、自衛権と集団安全保障の適用の問題に還元される。武力紛争中の法（jus in bello）は、国際人道法を中心とする紛争中の個々人の行動の規制の問題に還元される。現代国際法において、「相手の領土を占領したり」する権利などない。あるのは、「必要性（necessity）」と「均衡性（proportionality）」の原則に照らして、適正に行使されている自衛権（憲章51条）と、安保理決議に従って適正に行使される集団安全保障（憲章7章）だけだ。

結局、憲法学者は、「交戦権」の解釈にあたって、何も真面目な法的な根拠を示さない。ただ単に「俺は、交戦権っていうのは、こういうものだと思うなあ」という連想ゲームの域を出ない話ばかりを繰り返す。そして最後は、連想イメージの人気投票である。多数決をとったものを「通説」ともっともらしい言い方で呼ぼうとも、その議論の過程が連想ゲームと人気投票だけで成り立っていることは、どうしようもない。

９条２項の「交戦権」否認について、憲法学の基本書では、国際法が認めている戦争をする権利としての「交戦権」を、あるいは交戦者が持つ権利としての「交戦権」を、日本国憲法９条２項は放棄しているのだ、といった説明がなされる。そして、だから９条２項によって「自衛戦争」なるものが遂行できず、結果として、自衛権は行使できず、自衛権を行使するための手段も持ってはいけないことになる、などと説明される。

嘘である。

根拠がない話である。

単なる連想ゲームの産物である。

50　芦部『憲法』、67頁。

現代国際法において、戦争は一般的に違法なのだから、戦争をする権利などあるはずがない。きちんと国際法を尊重する気持ちが少しでもあれば、そのことに気づくのに、何も苦労はいらない。

交戦者が持つ特別な権利としての「交戦権」などという権利も存在しない。当然のことだ。現代国際法において「交戦権」は存在していない。

そこで憲法に書かれている「交戦権」を、交戦国が国際法上有する種々の権利の総称、などと言い換える政府見解が出された。だがそれはせいぜい「交戦者の権利義務(rights and duties of belligerents)」だろう。

国際法に存在していないからといって、強引に存在している何かを意味していることにしなければならない、と思いつめる必要はない。むしろ侵略国が振りかざしていたが、現代国際法では否定されたものとして、「交戦権」概念を捉えるのが正しい。

注意すべきは、日本国憲法は、「交戦権」を「放棄」しているのではない、ということだ。「交戦権」なる怪しい概念は、「認めない」と言っているのだ。憲法典は、国際法に存在している「交戦権」を放棄するのではない。憲法典は、「交戦権」が存在していないことを知っていて、念のためそれを「認めない」と宣言しているのである。どこにも奇妙なところがない。憲法典は、正しい。憲法学者が、おかしい。

９条2項は、単に現代国際法で存在していないものを、あらためて否認しているだけの条項である。存在していないものを否定しても、現に存在している自衛権の否定にはならない。

なぜ存在していないものの否認をあえて宣言するのかと言えば、日本国憲法が、国際法を遵守する国に日本を生まれ変わらせるために作られた憲法だからだ。

実は、太平洋戦争中の１９４５年以前の日本の国際法の著作には、「交戦権」という言葉が見られる。ただし用法は確立されていなかった。たとえば戦時中に、東北帝国大学の国際法学者であった松原一雄は、「ここに交戦権と云ふのは、交戦国としての――交戦国間の――権利義務の総称である」と述べた。ただし同じころ、早稲田大学で国際法を講義した信夫淳平は、「国家は独立主権国家として、他の国家と交戦するの権利を有する。之を交戦権と称する」と述べていた。そして「国家の交戦権は、交戦に従事する者の行使する交戦者権とは似て非なるものである」と解説していた。ただし信夫によれば、宣戦布告を行うような「開戦」の方式は、「当該国家の交戦権の適法の発動に由るを要すること論を俟たない。その権能の本源如何は国内憲法上の問題に係り、国際法の管轄以外に属する」[51]。

つまり「交戦権」は大日本帝国憲法時代の「天皇大権」と深く関わっていたがゆえに当時の日本人の注目を集めていたが、実はもともと国際法上の概念ではなかったのである。

欧米ではどうだったか。欧米の国際法学者の議論において、「the right of belligerency of the state」あるいは「rights of belligerency」という憲法の「交戦権」に該当する言葉が使われていた経緯はない。ただ戦前の日本人が、「交戦権」という言葉を使っていただけであった疑いが強い。

おそらくGHQは、一方的に「自存自衛ノ為」（宣戦の詔書）という理由で攻撃を仕掛ける行為を正当化する大日本帝国時代の考え方を「否認」するために、「the right of belligerency」という概念を否認する条項を、英文で起草した。それを当時の日本人たちが、「交戦権」という言葉をあてはめて訳し、日本語の正文の憲法典に入れ込んだ。

その後、戦後の憲法学者が、これは「自衛戦争」の否定の条項だという主張をして、攻撃された際に行使する国際法上の自衛権まで否定するようになってしまった。

しかしその一連の経緯に、国際法は関わっていない。否認されているのは、本来の国際法に反した大日本帝国時代の古い考え方である。国際法における自衛権が憲法によって否認されているという日本の憲法学者の主張には、全く根拠がない。

自衛隊が創設され、1952年に9条2項をめぐる議論が巻き起こった時期に、オッ

51 松原一雄『国際法要義』（有斐閣、1942年）。信夫淳平『戦時国際法提要』上巻（照林堂書店、1943年）、1000-1001頁、331頁。信夫淳平『戦時国際法講義』第一巻（丸善株式会社、1941年）、705頁。信夫は、1928年不戦条約締結当時において、不戦条約は自衛を違法化していないという点の説明の際に、「その自衛行為は、必しも敵国の我が領土に現に襲撃を加へた場合のみとは限らず、我が死活的権利利益の侵迫に対する救済を凡ゆる平和手段に求め、而も対手国が誠意を以て之を迎へず、甚しきは恫喝以て我れを屈せしめんとするが如きに対し、我れ已むなく救済を干戈に訴ふるのは、これ亦明かに自衛戦を以て論ずることが能きる」などと述べ、拡大解釈の可能性を作ってしまっていた（信夫淳平『不戦条約論』［国際連盟協会、1928年］、13頁）。ただし戦後になると、太平洋戦争は、1907年開戦に関するハーグ条約だけでなく、「交戦権を拘束」した1928年不戦条約の違反であった、と述べるようになった。日暮吉延「国際法における侵略と自衛──信夫淳平『交戦権拘束の諸条約』を読む」『鹿児島大学法学論集』45巻2号、2011年、32-36頁。

ペンハイムら欧米の主要な国際法学者の著作等を渉猟したうえで、慶應義塾大学の国際法学者・前原光雄は、「国際法学者の見解は内外を問わず、国家に戦争を為す権利があるということは、少くとも、主流としては否認せられているようである」と述べた。そして日本国憲法9条2項の「交戦権」概念についてふれて、「日本憲法の英訳では、交戦権を right of belligerency としていることは既に述べたが、このような権利が国際法上存することを私は未だいかなる著述中にも見出す機会に恵まれない」と断じた。したがって、前原によれば、交戦権の放棄は、「国際法上の法律事実ではないのである。国際法上の権利放棄は、いうまでもなく、放棄国に権利喪失の法的効果を帰属せしめる。この点から観ても、交戦権の放棄は決して権利の放棄ではないことは明かである。国家は戦争を行う権利をもつものではないから、これはむしろ当然のことである。……交戦権の放棄というのは、戦争を仕かける自由の放棄ということになる。これは国際法的にはナンセンスであるが、国際政治的には意義をもつであろう[52]」。

交戦権の否認は、いわば魔女の否認のようなものである。たとえば魔女の存在を否認する憲法条項があっても、それによって変わる現実の事実は何もない。「憲法は『魔女』という言葉によって××みたいな女性の存在を禁止しているのではないか（A説）、いや、○○みたいな人間の存在を禁止しているのではないか（Ｂ説）……」、などと空虚な話を積み重ねていく必要はない。必要はないどころか、そのような話は有害である。しかし最近「魔女狩り」の名で残虐行為を行った国であれば、「魔女」の否認は、それはそれで意味がある。そのような国では、「魔女は存在しない、魔女は存在しないという世界観を維持するため、魔女を憲法で否定する」と言うことに、意味がある。ただしそれによって「我が国は世界で唯一の魔女を否認した国だ、したがって他国のように

52　前原光雄「交戦権の放棄」『国際法外交雑誌』第51巻第2号（１９５２年）、13、14、16、17頁。国際法学者の筒井若水によれば、「自衛、復仇、その他一切の武力行使を含めて『国の交戦権』と表現する慣行は、国際法においては認められない」。筒井若水「日本国憲法における『国の交戦権』――国際法の現状との関連における解釈」寺沢一（他編）『国際法学の再構築』（上）（東京大学出版会、１９７７年）所収、１６５頁。国立国会図書館総合調査室の松山健二によれば、「国際法上適法な武力行使の下に国家が交戦者として有する権利と、憲法上適法な武力行使の下に『国家が交戦者として有する権利』は、ともに、日本政府の解釈の下での憲法９条が否認する『交戦権』とは本質が異なるものである」。松山健二「憲法第９条の交戦権否認規定と国際法上の交戦権」『レファレンス』２０１２年11月、41頁。

魔女狩りができないので我が国には他国にはない大きな制約がある」、あるいは「我が国は魔女狩りができない世界で最も進んだ国だ」などと叫んでしまうのは、全く滑稽である。

本来、憲法9条2項の「交戦権」否認は、魔女の否認と同じようなものであった。憲法が、現代国際法で存在しないものを、わざわざ明示的に否認していることには、もちろん大きな理由がある。日本が国際法に反する行為を行ったからである。

現代国際法に反した世界観で国際法に逸脱した行為を行ったことを認め、二度と国際法から逸脱した行為を行わず、現代国際法を遵守することを宣言するために、「交戦権」という現代国際法に反した概念を憲法で否定した。それが日本国憲法だ。そこには大きな意味がある。これは魔女なるものの存在を根拠にして魔女狩りを行った経験を持つ国が、二度と魔女狩りなどをすることを許さないために、魔女を否認することによって、より現代的な法規範の遵守の宣言とするのと、同じようなものなのである。

「交戦権（rights of belligerency）」の放棄という表現は、GHQ憲法草案の基盤となった、いわゆる「マッカーサー三原則」の中にも見られる。「交戦権」が何なのか、草案の起草にあたったGHQの文民官僚たちは必ずしもよく理解していなかったようだったという。しかしエリート軍人であったマッカーサーは、彼が生きた両大戦期の国際情勢をふまえて、「交戦権」否認に大きな意味を見出していたのだろう。

第一次世界大戦前の絶対主権の時代に、国家は主権者の意思を表明する宣戦布告をもって、正式に戦争を開始することができた。主権者の意思が正式に反映された宣戦布告をへない武力紛争は、正式な意味での戦争ではなかった。後にカール・シュミットが「無差別戦争観」と呼んだ国際法の枠組みである。戦争に正邪の違いなどなく、戦争と戦争の間に質的差別を見出すことはできない。主権国家が意思していれば戦争であり、そうでなければ戦争ではない。全ての戦争は、等しく戦争である。宣戦布告とともに「戦時国際法」が適用される状態が始まる。この19世紀ヨーロッパ国際法の法的枠組みが前提としている、戦争は全て等しく戦争であり、戦争と戦争の間に質的差異はない、という考え方を、シュミットは「無差別戦争観」という表現で描写したのであった。

「国の交戦権」とは、この「無差別戦争観」の時代に、主権国家だけが正式な手続きをへて戦争を行う権利を持っている、という考え方を極端に示した概念だったのだろう。

「無差別戦争観」に対抗する世界観を持っていたのが、西半球世界で独自の「モンロー・ドクトリン」の秩序を築いていた、アメリカ合衆国であった。

そもそもアメリカ人にとって合衆国の建国につながった独立戦争は、自由を求める人々の正義の戦いであった。それは、ヨーロッパの王侯が利益を求めて引き起こしたり、バランス・オブ・パワー（勢力均衡）の名の下に引き起こしたりする戦争などとは、質的に決定的に異なる戦争であるはずだった。独立戦争が正義の戦争であったという考え方は、アメリカ合衆国の建国の礎といってもいい思想的前提だ。「汚れた旧世界」諸国による、「新世界」の共和政体への干渉を排するために、合衆国は19世紀前半から「モンロー・ドクトリン」を掲げ、ヨーロッパ国際秩序とは一線を画する地域秩序を西半球世界に作り上げていた[53]。

アメリカは、伝統的な外交原則を破って、第一次世界大戦で、ヨーロッパの戦争に介入した。それは、戦争中の特別な軍事的必要性を認める「戦数（Kriegsräson）」（戦争理性）を信じるドイツ軍による中立国・アメリカ合衆国の民間船舶への潜水艦無差別攻撃に対する憤りの結果であった[54]。ウッドロー・ウィルソン大統領が率いるアメリカは、「汚れた旧世界」の間違った国際秩序を刷新する目的を掲げて、第一次世界大戦を戦い抜いた。その結果の結晶が、国際連盟規約であり、その後の不戦条約でもあった。そして第二次世界大戦もウィルソン主義の延長線上にあると考えれば、国際連合憲章もまた、アメリカによる世界大戦勝利の帰結の一つであった。19世紀ヨーロッパ国際法の「無差別戦争観」の否認は、アメリカが血のにじむ努力によって、遂に20世紀現代国際法において達成したものであった。

こうした経緯を、アメリカ寄りの歴史観だと感じるのは、個人のイデオロギーの問題としては、勝手だ。だが、だからといって現代国際法の仕組みを無視しようとするのは、いただけない。日本国憲法が起草された前の年の1945年に、すでに国連憲章が成立しており、現代国際法の枠組は確立されていたのだ。それを無視したら、いつまでも現代国際法に立ち向かう「ヒトラーの友人の日本」のままだ。

第一次世界大戦時のドイツは、19世紀ヨーロッパ国際法の原則を、さらに国家中心主

53　篠田英朗「重層的な国際秩序観における法と力――『モンロー・ドクトリン』の思想的伝統の再検討」大沼保昭（編）『国際社会における法と力』（日本評論社、2008年）、231-274頁、篠田英朗「ウッドロー・ウィルソン――介入主義、国家主権、国際連盟」遠藤乾（編）『グローバルガバナンスの歴史と思想』（有斐閣、2010年）所収、81-108頁、参照。

54　「戦数」概念については、藤田久一『国際人道法』（有信堂高文社、1993年）、64-65頁、立作太郎『戦時国際法論』（日本評論社、1931年）、29-32頁、信夫『戦時国際法講義』第一巻、272-283頁。

義的に解釈して運用している国家であった。19世紀ドイツ国法学あるいは19世紀ヨーロッパ国際法の立場からすれば、主権国家が生存をかけて国家理性にもとづいて戦争を開始した以上、平時の国際法は適用されない。戦時国際法においては、戦争当事国＝交戦国は、戦争遂行の必要性にもとづいた行動をすることが認められる特別な事情におかれているとみなされる。こうした19世紀「無差別戦争観」の見方が極端になると、国家が自己保存の目的に沿って、やむなく不審な船を攻撃したり、敵国に物資供給等を行う民間船舶を攻撃したりしたとしても、それは戦時中では違法とは言えないという主張が生まれてくる。つまり、交戦国は、戦時中の特別な主権国家の権利にもとづき、平時では認められない行為を行うことができるというドイツの「戦数」のような思想が生まれてくる。

こうした当時のドイツの世界観と国際法理解に真っ向から挑戦したアメリカ合衆国が二度の世界大戦に勝利した結果、19世紀ヨーロッパ国際法それ自体の刷新が図られることになった。

国際連盟規約によって劇的に導入されることになった「集団安全保障」の考え方は、戦時・平時を問わず、侵略行為を違法と認定しつつ、違法行為に対抗する手段の合法性を保証するものである。これによって侵略行為であるか否か、戦争行為であるか否かが、新しい20世紀の国際法の重要な合法性認定のための基準となった。「無差別戦争観」にもとづいて、平時であるか戦争状態であるか、に関する審査を、適用する法体系の基準とした19世紀ヨーロッパ国際法の時代は、20世紀に終焉を迎えたのである。

確かに、２つの世界大戦の間の時期の「両大戦間期」には、同じ戦勝国であるアメリカとイギリスの間ですら、「交戦者の権利」をめぐる対立があった。19世紀ヨーロッパ国際法の適用性を否定するアメリカ合衆国の立場と、19世紀ヨーロッパ国際法の継続性を信じるイギリスの立場の違いの反映であった。[55] しかし国際連盟規約から不戦条約へと至る現代国際法の進展の流れの中で、すでにアメリカの立場が優勢であった。

第二次世界大戦におけるアメリカ主導の連合国の勝利は、アメリカが標榜し続けた現代国際法の秩序が今や完全に確立されたことを意味した。その新しい時代の法秩序の結晶が、国連憲章であった。そこにおいて、もはや大日本帝国が信じた「交戦権」が入り込む法的隙間の余地はなかった。戦争は一般的に違法となった。問題は、自衛権が行使

55　新井京「戦間期の英国における交戦権論争」『同志社法学』63巻1号通巻３４７号。

されているか、集団安全保障が行使されているか、だけとなった。合法的な武力行使は、自衛権か集団安全保障によってだけ、基礎づけられる。国家には戦争を始める権利があるという「交戦権」思想は、1946年の段階ですでに、法体系の根本から否定されるものとなっていた。

これは、国際法史の教科書の話である。国際社会においては、共通の前提となる知識の話だ。常識、と言ってもよい。

ところがこの常識は、日本の憲法学においては、通用しない。日本の憲法学の基本書においてのみ、いまだに世界は19世紀ヨーロッパ国際法で覆われており、国際法は宣戦布告をして戦争を始める主権国家の「交戦権」を認めている法体系であるとみなされている。

率直に言いたい。これは、あってはならないレベルの、ガラパゴス化である。

繰り返しになるが、なぜ国際法では自明のことをあえて憲法に書き込んだのかと言えば、日本が国際法を蹂躙した過去を清算し、国際法を遵守する国になるためには、国内法の最高法規において国際法遵守の規定が必要だったからだ。戦争放棄や、交戦権否認といった重要な点については、具体的な法規範を明示する形で、国際法遵守を宣言することが必要だったからだ。

終戦時に東大法学部の国際法担当教授であった横田喜三郎は、すでに終戦直後の１９４８年の著作で「第二次世界大戦による変化」の一つとして、「違法な戦争を行う国家に対して、交戦権を否認したこと」をあげ、「戦争そのものの性質が根本的な変化を受けることになった」事情を説明していた。「不戦条約などによって、戦争はすでにかなり根本的な変更をうけつつあった。こんどの戦争はそれをいちじるしく推進し、ほぼ完成した」ことが論じられている。「もっとも重要な点の一つとして、違法な戦争を行う国家に対して、交戦権を否認したことをあげることができよう。ここに交戦権というのは、国際法上の交戦法規にしたがって戦争を行いうべき権利である。……この交戦権がこんどの戦では違法な戦争を行った国家に対して否認されることになった。……交戦権が認められないとなると……もはや戦争そのものを遂行することができないことになる」[56]

それでは、違法ではない戦争をする国には「交戦権」があるのかと言えば、それは問

56　横田喜三郎『世界国家の問題』（同友社、１９４８年）、１０８-１１５頁。

いの立て方が正しくない。武力行使の一般的禁止の例外は、自衛権と集団安全保障の二つしかないので、結局は、「交戦権」などといったものではなく、自衛権と集団安全保障が合法的に行使されているかどうかだけが問題になる。

憲法が「交戦権」を否認しているのではない。まず国際法が「交戦権」を否認した。日本国憲法は、それを遵守すると宣言しているだけだ。

こうした「戦争の革命」は、ほかでもない、アメリカ合衆国の努力によって達成されたものである。日本国憲法草案を起草した、アメリカ人たちこそが、伝統的に「交戦権」を否認する立場をとっていた国の人々だったのである。

残念ながら、日本では、横田のような国際法からの冷静な指摘が、憲法学によって否定されてしまった。司法試験や公務員試験を通じて、憲法学通説を熱心に覚えながら、国際法は全く勉強しない法律家が大量生産されて、憲法学者の似非国際法論のほうが正しいかのような見方が広まってしまった。

個人的信条であれば、問題ではない。個人の嗜好の問題であれば、憲法学者が戦争だとみなすものは、理由の如何を問わず、全て邪悪だ、と言っても仕方がない。アメリカは間違った国家で、アメリカが主導して作った法秩序は邪悪だ、戦争に正しいものも間違ったものもない、現代国際法体系は全て邪悪なアメリカ人の陰謀にすぎない……、こういった思想を持つのも、個人的な心証であれば、特に問題視することではない。ナチスと結託し、アメリカ主導の国際法秩序を批判したカール・シュミットの理論に依拠してでも、現代国際法の前提を拒絶してでも、反米主義を貫こうとするのも、個人の価値判断の話だと言ってくれれば、それだけの話で終わる。

しかし、問題になるのは、イデオロギー色の強い立場を前提にした憲法解釈を、あたかも絶対的な真理であるかのように主張する社会運動があることだ。問題なのは、大学人事や、司法試験・公務員試験の運営の事情まで組み合わせて、偏った世界観に依拠した憲法解釈を日本社会に押し付けようとする社会勢力があることだ。

結果として、日本では、いまだに20世紀国際法秩序が否定され続け、19世紀ヨーロッパ国際法の「無差別戦争観」が残存している。

戦前の日本では、ドイツ国法学に沿った考え方で、国家の「基本権」として戦争を行うことができるという考え方が広まっていた。憲法学は、いわばそのドイツ国法学の牙城であった。

本当の日本国憲法は、これを否定した。そして二度と現代国際法を無視しないことを誓った。それが9条2項の「交戦権」否認だ。したがって本来は、「現代国際法を遵守する」とさえ言えば、9条2項を守るのに十分なのである。

ところが憲法学の「憲法優位説」によって、9条2項は国際法を遵守するのではなく、国際法上の自衛権などを否定する条項だ、などと説明されることになってしまった。国際法を遵守する宣言が、国際法にしたがわないための論拠に言い換えられてしまった。

それにしても由々しき事態は、否認している「交戦権」が何なのかがわからない不安から、日本政府が「交戦権」を交戦国が国際法上有する種々の権利の総称といったふうに解釈していることだ。そしてこの「総称」を憲法が否認していると解釈することだ。そのため、日本の自衛隊は海外で活動中に捕虜になっても捕虜条約の適用を受けない。そんな馬鹿げた考えを、日本政府自らが標榜するといった事態になっている。[57]

ガラパゴス的な状況が究極の事態に至り、冗談では済ませることができない、深刻な事態を生み出してしまっているのである。ガラパゴス憲法学が、国政に与えている弊害の中でも最も深刻なものの一つだ。

日本政府関係者には、一刻も早く、数十年前の公務員試験の際に憲法学の基本書で学んでしまった似非国際法の知識を取り払ってほしい。一刻も早く、日本国憲法における

「交戦権」の否認とは、国際法遵守の宣言である、ということに気づいてほしい。そして日本は、国際人道法の遵守を宣言すると同時に、国際人道法の適用も受ける、という立場を宣言する重要性と必要性に気づいてほしい。

「自衛権」は、国際法の概念であり、憲法には登場しない概念である。憲法学者が勝手に国際法を無視するために定義し直すべきものではない。「交戦権」は、大日本帝国の概念であり、現代国際法では存在しない概念だ。「憲法優位説」が憲法学界の多数派が支持する「通説」だという理由で、憲法学が勝手に、国際法は「交戦権」を認めているが、憲法だけが「交戦権」を否定する、などと空想にもとづいた世界観を吹聴していい

57　第１９６回国会衆議院「衆議院議員長島昭久君提出国際法上の交戦者の権利・義務に関する質問に対する答弁書」（内閣衆質１９６第３７４号）、平成30年6月19日。なお仮に「交戦権」を「交戦者（belligerents）」の権利と考えても、それは国際人道法で対象となる自然人の「戦闘員（combatants）」とは異なることには注意すべきであり、国際人道法が自衛隊員に適用されないというのは暴論である。そもそも戦闘状態が、何らかの「権利」で発生するという考え方は、根本的に破綻している。

はずがない。

「交戦権」の否認とは、国際法の遵守のことなのだ。逆さまの解釈を強要する憲法学通説に騙されてはいけない。日本の自衛隊は、憲法上の「戦力」ではない国際法上の「軍隊」として、正しく国際法と付き合い、国際人道法の遵守を宣言し、国際人道法の保護を受けなければならない。

日本国憲法は、特殊な業界の人々によって解釈されてきた。だが、実際の日本国憲法のテキストは、その特殊な業界の人々が作ったものではない。そして、実際の日本国憲法のテキストは、特殊な業界の人のために作られたものではない。むしろ特殊な業界の伝統を否定するために作られたものだ。

今日、憲法学通説を信奉する社会勢力は、ほとんど反米主義者である。護憲のエネルギーは、反米主義のエネルギーから借りてきており、「憲法を変えるとアメリカの属国になる」といった荒唐無稽な脅かしがまかり通っている。そうしたイデオロギー的心情を背景にして、ガラパゴス化現象としか描写できないような空間が、日本にだけ生まれた。異論を唱える者には、「軍国主義者」「戦前の復活」といった罵詈雑言が浴びせられる国になってしまった。

しかし、実際の日本国憲法は、そのような社会的勢力が作ったものではない。むしろ、アメリカとの特別な関係を基盤としながら、国際法秩序との整合性も確立することによって、新しい戦後日本の国家体制の樹立を宣言したのが、日本国憲法だった。憲法学通説のレンズを通して憲法を見るときのみ、憲法の本当の姿は曇ってしまう。

4. 本当の憲法前文—大「原理」

「前文」は、「国政は、国民の厳粛な信託による」という「人類普遍の原理」に憲法が依拠しており、この一つの原理こそが、日本国憲法の立憲主義の基盤であることを宣言した文章である。

本来、憲法9条の解釈は、きちんと憲法前文を読んでいれば、明らかになる。前文には、9条で必要な解釈の指針がつまっている。9条が、「日本国民は、正義と秩序を基調とする国際平和を誠実に希求し、」という言葉から始まっているのも、前文との連動性をよりいっそう明確にするためであったはずである。

日本国憲法は、前文で書かれている精神を基調としている。前文は具体的な条項を定めるものではないが、憲法解釈の指針とすべき根本思想が書かれている部分だ。そこで書かれている思想こそが、憲法の基盤となっている思想である。

大日本帝国憲法が天皇に関する条項から始まっていたこと、日本国憲法の制定が大日本帝国憲法改正の手続きをへて進められたこと、などから日本国憲法も第1条から8条までが天皇に関する条項となった。

しかし、本来は、9条は、前文の直後に置かれるべき条項だったと言えるだろう。前文の一部でもよかった、とすら言えるものだ。それくらいに前文と9条は、その内容において緊密に連結している。したがって、9条をよりよく理解するためにも、前文を理解することが大切である。

少し長くなるが、まず日本国憲法「前文」を引用しておきたい。

日本国民は、正当に選挙された国会における代表者を通じて行動し、われらとわれらの子孫のために、諸国民との協和による成果と、わが国全土にわたつて自由のもたらす恵沢を確保し、政府の行為によつて再び戦争の惨禍が起ることのないやうにすることを決意し、ここに主権が国民に存することを宣言し、この憲法を確定する。そもそも国政は、国民の厳粛な信託によるものであつて、その権威は国民に由来し、その

権力は国民の代表者がこれを行使し、その福利は国民がこれを享受する。これは人類普遍の原理であり、この憲法は、かかる原理に基くものである。われらは、これに反する一切の憲法、法令及び詔勅を排除する。

日本国民は、恒久の平和を念願し、人間相互の関係を支配する崇高な理想を深く自覚するのであつて、平和を愛する諸国民の公正と信義に信頼して、われらの安全と生存を保持しようと決意した。われらは、平和を維持し、専制と隷従、圧迫と偏狭を地上から永遠に除去しようと努めてゐる国際社会において、名誉ある地位を占めたいと思ふ。われらは、全世界の国民が、ひとしく恐怖と欠乏から免かれ、平和のうちに生存する権利を有することを確認する。

われらは、いづれの国家も、自国のことのみに専念して他国を無視してはならないのであつて、政治道徳の法則は、普遍的なものであり、この法則に従ふことは、自国の主権を維持し、他国と対等関係に立たうとする各国の責務であると信ずる。

日本国民は、国家の名誉にかけ、全力をあげてこの崇高な理想と目的を達成することを誓ふ。

この「前文」では、日本国憲法の「原則と目的」が簡明に宣言されている。必ずしも読みやすい文章ではないが、多くの人々にとって、それなりに書いてある内容が伝わってくる文章ではないだろうか。すでに本書が繰り返し強調している憲法の国際主義が、高らかに謳われている文章である。

戦前の日本は国際社会から逸脱して、戦争の惨禍に陥った。新しい憲法を制定して、正当な国際社会の一員として再出発する。そして国際社会に貢献するために、最大限の努力を払う。

こうした簡明な宣言が、憲法全体を貫くメッセージとして、前文で謳われている。

ところが、戦後日本の憲法学は、この憲法の国際主義の精神を、徹底的に軽視しようとする運動を展開してきた。

憲法学によれば、この前文には、三つの原理が書かれていることになっている。「国民主権、基本的人権の尊重、平和主義」である。憲法典を読んだことがない、という人ですら、この「三大原理」については、聞いたことがある、と感じるだろう。日本の学校教育では、小学校くらいから、この「三大原理」について暗記しなければならないことになっている。

日本の学校教育では、実際の憲法を読ませることをせず、憲法学の通説だから、という安易な理由で、「三大原理」なるものをまず暗記させようとする。ガラパゴス的な憲法解釈は、小学校教育から組織的に行われているということだ。

芦部信喜『憲法』を見てみよう。

「日本国憲法は、国民主権、基本的人権の尊重、平和主義の三つを基本原理とする。これらの原理がとりわけ明確に宣言されているのが憲法前文である」[58]

しかし憲法前文を一読して、「三大原理」なるものがここに潜んでいる、と感じる人は、ほとんどいないのではないだろうか。実は「三大原理」なるものは、憲法前文で説明されていない。憲法典のその他の条項を見ても、憲法に三つの原理があり、それは国民主権・基本的人権の尊重・平和主義の三つだ、などとは書かれていない。

実際には憲法には書かれていないことを、憲法学通説だから、というだけの理由で、数十年、数世代にわたって、小学生時代から、繰り返し暗記させられている日本の学校教育の現状は、いったい何を根拠にして、どのように正当化されるものなのか。正直、疑問を感じる。

もちろん私は、国民主権・基本的人権の尊重・平和主義の三つが、憲法に反している、などと言いたいわけではない。そのような表現でまとめられる内容を持った条項が、憲法の中に存在していることは、間違いない。

だが、なぜ、この三つなのか。

芦部『憲法』によれば、「主権が国民に存すること」「自由のもたらす恵沢」「戦争の惨禍」からの解放、という文言が、前文にあるからだという。[59]

だが、それだけの理由では、なぜ、この三つなのか、という問いには答えることができない。

日本国憲法には、この三つではまとめきれない内容を持った条項もある。あるいは他のまとめ方もありうる。

それなのに、なぜ、この三つなのか。

58　芦部『憲法』、35頁。
59　同上、35-36頁。

この問いに精緻に答えることができる者は、実際には存在していないというのが、実情である。いろいろなお喋りをすることはできるだろう。「ええい、黙れ、とにかくこの三つは重要じゃないか」といった話は、いくらでも積み重ねることができる。

だが、なぜ、この三つだけなのか。

その問いに、憲法に内在的に、答えることは難しい。おそらく不可能である。なぜなら、憲法には、この三つが、この三つだけが、憲法全体を貫く原理である、などということは、全く書かれていないからだ。

三大原理は、憲法学通説、なるものの創作物である。つまり内部に階層性を持った特定の社会集団の中の多数決人気投票で、決められてきたものにすぎない。

しかもその社会集団においてすら、憲法制定時から一貫して三大原理が存在してきたわけではなかった。

憲法制定時に東京大学法学部第一憲法講座担当教授であり、学界の最高峰に君臨していた宮沢俊義は、著書の中で、憲法には十六の原則がある、と書いた。その師匠である美濃部達吉は、憲法には四つの原則がある、と書いた。[60]

おそらく原則が三つある、といった考え方に影響を与えたのは、文部省が浅井清に作

60　宮沢俊義『憲法大意』（有斐閣、１９４９年）、美濃部達吉『日本国憲法原論』（有斐閣、１９４８年）。宮沢俊義『憲法』（勁草書房、１９５１年）は、「徹底的に民主主義一本鎗で行こうとする」憲法は、個人の尊重、国民主権、社会国家、平和国家を民主主義の実施のために原則化していると説明した（17-22頁）。牧野英一『新憲法と法律の社会化』（日本評論社、１９４８年）は、民主主義、平和主義、社会的正義、文化主義、をあげた（28-29頁）。須郷登世治『民主々義の原理による新憲法の解説』（文化科学研究会、１９４６年）は、民主主義と平和主義の二つだけをあげた（12頁）。吉田力雄『新憲法の基本原理』（大同鮮明図書印刷出版社、１９５１年）は、国民主権主義、平和国家主義、三権分立主義、人権尊重主義、の四つをあげた。田中伊三次『憲法の心――新憲法の基本原則』（三和書房、１９５２年）は、国民主権主義と恒久平和主義の二つをあげた（15-20頁）。俵静夫『憲法』（有信堂、１９５２年）は、民主主義と平和主義の二つをあげた（30-31頁）。大谷美隆『憲法要義』（泉文堂、１９５３年）は、民主主義、自由主義、平和主義、最高法規性、の四つが基本原則であるとした（17頁）。鈴木安蔵『憲法概論』（勁草書房、１９５３年）は、国民主権、基本的人権の尊重、絶対平和主義、諸国民との友好、議会制、公務員奉仕者性、の六つを基本原理としてあげた（49頁）。森三十郎『日本国憲法講義』（関書院、１９５４年）は、民主主義、立憲主義、平和主義、国際主義、統一主義、の五つを基本原理とした（26頁）。入江俊郎『憲法要論』（慶応通信、１９５６年）は、平和主義と民主主義の二つが憲法の指導原理だとした（31頁）。野村信孝『憲法大綱』（改訂版）（邦光書房、１９５６年）は、国民主権、永久平和、議会中心主義、の三つらせて上梓させた1947年の憲法副読本『あたらしい憲法のはなし』であろう。そこには、憲法には三つの重要な考え方があります、といったことが書かれている。ただし、その内容は、現在学校教育で暗記を強いられる「三大原理」とは異なり、民主主義、国際平和主義、主権在民主義、を三つの原理とするものであった。[61]

憲法学通説が、『あたらしい憲法のはなし』で表明された、新憲法には三つの原則がありますといった路線に近づいてきたのは、1950年代に、徐々に、であった。[62] 決定打となったのは、宮沢俊義の定年退職後に東大法学部第一憲法学講座教授に就任した小林直樹が執筆した教科書であろう。1960年代初頭に公刊された小林の教科書において、ようやく現在の「三大原理」そのままの解説が見られるようになる。[63] ちなみに小林の授業は、東大法学部で必須科目に選定され、履修しなければ卒業できなかったという。学者として一流という評価を得ているかは判然としない小林だが、[64] 長く学界に君臨し、論壇紙などにも頻繁に寄稿し、絶大な影響力を誇った。

小林の教科書を読むと、なぜ小林自身が三つの原理として拾い上げたものを重要だと考えるのかが雄弁に書かれている。しかし、なぜこの三つが憲法の「三大原理」を構成していると言えるのかに関する分析は、見られない。

をあげた（27-31頁）。大西邦敏『日本国憲法要論』（上巻）（明善社、１９５７年）は、民主主義と平和主義の二つをあげた（48頁）。橋本公亘『憲法原論』（有斐閣、１９５９年）も、民主主義と平和主義の二つとした（90頁）。佐藤達夫『憲法講話』（立花書房、１９５９年）は、民主主義、自由主義、平和主義、の三つとした（8-14頁）。

61 高見勝利（編）『あたらしい憲法のはなし』（岩波書店、２０１３年）、29-38頁。『あたらしい憲法のはなし』の中心的な執筆者であった浅井清は、慶應義塾大学法学部教授であったが、東大の美濃部とともに、天皇機関説を標榜していた。終戦後には貴族院で交友倶楽部という政友会系の会派に属して活動し、憲法論も展開していた。後に新憲法担当の大臣となって国会答弁にあたった金森徳次郎らとともに、日本自由党の憲法改正特別調査会にも参加した。佐藤達夫『日本国憲法成立史』第二巻（有斐閣、１９６４年）、７４１、７４８頁、参照。『あたらしい憲法のはなし』は、浅井流の憲法解釈を表現したものであったが、学校教育を通じて、大きな影響力を持った。浅井は、『あたらしい憲法のはなし』を執筆後、初代人事院総裁にも就任した。

62 佐藤功『日本国憲法十二講』（学陽書房、１９５１年）は、「平和の原理、国民主権に基づく民主主義的政治体制の原理、基本的人権の原理」を憲法の「人類普遍の原理」と説明した（１１７頁）。原龍之助『憲法』（有信堂、１９５２年）は、「国民主権主義、恒久平和主義、基本的人権尊重主義」を基本原理とした。和田英夫『憲法講義ノート』（三和書房、１９５３年）は、「国民主権、絶対平和主義、基本原理、基本的人権の尊重」とした（64頁）。その他、鵜飼信成『憲法』（岩波書店、１９５６

実際の憲法前文を見てみよう。憲法前文を素直に読めば、むしろ「三大原理」説が必ずしも自明ではないことがわかる。

まず憲法学者によって「原理」とされているもののうち、「平和主義」に相当するのは、「原理」というよりも「戦争の回避」という「目的」のことである。

「諸国民との協和による成果と、わが国全土にわたつて自由のもたらす恵沢を確保し、政府の行為によつて再び戦争の惨禍が起ることのないやうにすること」という文章は、憲法制定の目的を記した部分だ。国際社会との協調、諸個人の自由、そして戦争の回避は、なぜ憲法を制定するのか、という目的を説明する。[65]

しかし、これらは、「原理」ではない。あくまでも、なぜ憲法を制定するのか、という理由であり、目的である。

「原理」と「目的」は異なる。「原理」というのは、法体系の仕組みを言い表す一般性の高い原則的な規則のことだ。「目的」は、より具体的で、特定の法律が目指す政策的な方向性を指し示す。「原理」は静的なものだが、「目的」はより動的なものだろう。

ある法律を理解するためには、その法律が前提としている原理を理解することは大切だ。原理は、その法律が依拠している考え方の体系を示す、秩序観であり、世界観だ。

年）、清宮四郎『憲法Ｉ』（有斐閣、１９５７年）、和田英夫『憲法略説』（有信堂選書、１９５７年）、田上穣治『憲法要説』（白桃書房、１９５８年）、佐藤功『日本国憲法概説』（学陽書房、１９５９年）、原龍之助『憲法概説』（評論社、１９５９年）などが、今日の三大原理につながる理解を踏襲し始めた著作物である。

63 小林直樹『憲法講義』Ｉ（東京大学出版会、１９６１年）、83-84頁。

64 法哲学者として駒場の東大教養学部で奉職していた小林が、なぜ東大法学部教授に就任したのかについては、当時の学界でも波紋を呼び、様々な噂が飛び交ったようである。小林の博士号論文におけるドイツ語読解の拙劣さを痛切に批判したものとしては、菅野喜八郎「根本規範論考——小林直樹『憲法の構成原理』の評価」『新潟大学法経論集』11巻1号、１９６１年、尾吹善人「憲法理論の基本問題——小林直樹著『憲法の構成原理』を読んで」『法律時報』33巻6号、１９６１年、など。

65 小嶋和司は、「自由の確保」「戦争の放棄」「国際協和」を、憲法の「基本目的」と位置付けた。小嶋和司『憲法概説』（信山社、２００４年）（初版１９８７年）、１２７-１４５頁。なお小嶋は、東北大学で教鞭をとった憲法学者だが、東京大学大学院在籍時に師である宮沢俊義と対立し、東大に残れなかったとされる。

それに対して、やはり法律が目指している目的を理解することも大切である。目的を達成できるように法律を解釈するのが正しい態度であり、目的達成を阻害するような解釈は正しくないと言ってよい。そのために重要法典では前文のような箇所に、目的を明らかにした趣旨説明がなされるわけである。

原理はいわば根本規則だが、目的はより政策的な方向性である。原理は体系を示し、目的は方向性を示す。こうした意味において、「諸国民との協和」「自由のもたらす恵沢の確保」、そして「戦争の回避」は、「原理」ではなく、「目的」である。

それでは日本国憲法において、「原理」として示されているのは何だろうか。これまでの日本の憲法学の伝統を一度忘れてみよう。小学校のテストで丸暗記したことを、一度忘れてみよう。そして素朴に実際の憲法の「前文」を読んでみよう。

そうすれば、根本原理は三つではなく、むしろ一つであると言わざるを得ないように思われる。

「そもそも国政（Government）は、国民の厳粛な信託（trust）によるものであって、その権威は国民に由来し、その権力は国民の代表者がこれを行使し、その福利は国民がこれを享受する。これは人類普遍の原理（a universal principle of mankind）であり、この憲法は、かかる原理に基くものである（upon which this Constitution is founded）」これが日本国憲法が自ら「人類普遍の原理」として表明している「一大原理」である。非常に丁寧に、「この憲法は、かかる原理に基くものである」とも説明してくれている。

日本国憲法において、このように明晰に示されている「原理」は、他にない。日本国憲法において明示されている「原理」は、ただ一つ、「国政は国民の厳粛な信託による」ということである。あとはこの根本「原理」の説明として、「人民の人民による人民のための政治（government）」という考え方が、言い換えられて、示されているにすぎない[66]。

芦部『憲法』は、この文章をもって、国民主権が表明されている文章だと描写し、したがってこの文章は「国民主権とそれに基づく代表民主制の原理を宣言し、最後に、以上の諸原理を『人類普遍の原理』であると説」いているものだ、と説明する[67]。

66　ちなみに英語の憲法草案の段階では、リンカーン大統領のゲティスバーグ演説の通り「人民」＝「people」の語が使われていた。

67　芦部『憲法』、36頁。

この芦部の説明では、「原理」が三つあることの説明にならない。しかも実際の憲法前文の該当部分の文章には、どこにも国民主権のことなど書かれていない。

狡猾にも、芦部は「国民主権とそれに基づく代表民主制の原理」という言い方を用いて、強引にこの一文を「国民主権」の原則が書いてある文章だと断定する。しかしそれでも芦部はなお、やむをえず「それに基づく代表民主制の原理」も付け加えて、その読解の正当化を図らなければならなかった。したがって芦部の読解では、「人類普遍の原理」は、「以上の諸原理」などといった言い方で、複数の原理があわさったものだとされてしまうのである。

芦部の説明によれば、「国民主権（民主の原理）も基本的人権（自由の原理）も、ともに『人間の尊厳』という最も基本的な原理に由来し、その二つが合して広義の民主主義を構成し、それが『人類普遍の原理』とされている」のだという[68]。ここまでくると、なんでもかんでも思いついたものは全て「人類普遍の原理」だということになりそうだ。民主の原理、自由の原理、人間の尊厳の原理、広義の民主主義の原理、などなどが「人類普遍の原理」なのだという。だが、それでは「三大原理」どころか、七大原理だったり、あるいは「広義の民主主義」なるものが最高原理だったりするのではないか。わけがわからない憲法読解である。

芦部の読解が正しければ、日本国憲法の公式の英語版は間違っている。英語版を見てみよう。

「Government is a sacred trust of the people, the authority for which is derived from the people, the powers of which are exercised by the representatives of the people, and the benefits of which are enjoyed by the people. This is a universal principle of mankind upon which this Constitution is founded.」

「人類普遍の原理（a universal principle of mankind）」は、明確に単数形で示されており、この文章がただ一つの原理のことについてのみ語っていることを明らかにしている。

ちなみにこの憲法前文は、ＧＨＱ憲法草案のときのままの文章である。したがって、

68　芦部『憲法』、37頁。

芦部の読解が正しければ、憲法英語版のみならず、ＧＨＱ草案も憲法の読解として最初から間違っていたことになる。

芦部が常に絶対に正しい、という憲法学通説に従うならば、憲法は草案の段階で間違っており、したがってそれを残した憲法の英語版は間違っているということになる。憲法は、芦部の登場を待って初めて、遂に真の憲法の姿を獲得した、というわけである。とにかく芦部は間違っていないという前提に固執すると、その他の者が間違っているという結論しか出せない。

もちろんこのような唯我独尊の解釈は、そもそもの解釈姿勢からして、間違っている。芦部が常に絶対に正しい、という前提から、世の中の全ての芦部と矛盾する事象を間違いだと断定し、ついには憲法起草者をも間違っている、と断定するのは、どうしようもなく倒錯した解釈姿勢だ。

そうではなく、起草者の意図のところから、実際の憲法典の文章で示されている論理までを、一貫したものとする本当の憲法の内容に照らすと、芦部の読解は間違っている、と言うのが、正しいはずだ。

「人類普遍の原理（a universal principle of mankind）」とされている文章の「This（こ

れ)」は、直前の一文を指している指示語だ。直前の一文は長いが、後半部分は前半の説明のための言い換えに過ぎないから、基本は最初の簡潔な一文だけを「This」が受けていると考えてよい。

つまり「国政は、国民の厳粛な信託によるもの（Government is a sacred trust of the people)」という一文こそが、「人類普遍の原理」である。「国政は国民の信託」という考え方が、日本国憲法の「一大原理」である。

なぜ芦部は、このような高校の授業レベルの英語の読解で、しくじってしまったのだろうか。実は英語が苦手だったのだろうか。

そういうことではないだろう。

芦部が強固に持っていたイデオロギー的主張、「国民主権」を何よりも重要なものとして強調したいというイデオロギー的偏見、そして「三大原理」の存在を憲法学通説として確立し続けたいというイデオロギー的願望が、高校の授業レベルの英語読解で、芦部をしくじらせたのだ。

それほどまでに、憲法学通説は、憲法の「一大原理」が「国政は国民の信託」であることを隠蔽し続けたかった。それほどまでに憲法学者たちは一致団結して、あらゆる手段を講じて、憲法のテキストに書いてあることを素直に受け止める読解を拒絶して、間違った読解こそを憲法学通説として打ち立て、それをもって日本社会の仕組みを規定したかった。

果たして「国政（goverment）は国民〔人民〕（people）の厳粛な信託（trust）による」という原理を、間接民主制の原理、とまとめることは、適切な整理だろうか。

政治思想の本来の厳密な概念区分で言えば、民主主義とは多数者による支配、を意味するのが本筋である。「間接民主主義」を民主主義の代表的形態と考える近代的な思考に依拠したとしてもなお、「信託」という概念は、必ずしも「国民の多数者による支配」それ自体と同じではない。

たしかに日本国憲法には主権が国民にある、と書いてある。しかし注意すべきは、「国民主権」の意味である。「主権」とは多義的な概念であり、一方的な決めつけは、避けなければならない。特に注意すべきは、ドイツ国法学/19世紀ヨーロッパ国際法的な主権概念と、英米法/20世紀国際法的な主権概念の違いだ[69]。

ドイツ国法学に沿って絶対主権論を採用するから、「主権は国民に存する」という記述を見たときに、「ああこれで全てがわかった、絶対的な主権を国民が持っている、これがこの憲法の全てだ」などという気持ちになってしまうのだろう。だが、それはあくまでも、ドイツ国法学的な絶対主権論を前提にしたときの感想である。

日本の憲法学では、主権をめぐる理解の伝統的なドイツ国法学の影響から、戦後は樋口陽一によるフランス革命期以降の憲法論の影響から、日本国憲法を解釈しようとしてきた。そのようなドイツ国法学・フランス革命期思想の国民主権論に依拠するのであれば、国民自身が政治を行っていることが強調されることになる。国民が政府と同一であり、国民が国家それ自体であるというのが、これらドイツ・フランス流の国民主権論である。

69　篠田英朗『「国家主権」という思想――国際立憲主義への軌跡』（勁草書房、２０１２年）参照。なお、覚道豊治・元大阪大学法学部教授は、憲法学者ではあるが、憲法前文に登場する「主権」について、次のように洞察していた。「ここにいう主権はいわゆる国家の独立を意味するが、それはこのような客観的な国際法や国際政治道徳を前提し、それに服することによってはじめて認められるものであり、国際法によって形成され、それによって規制・制限される主権の概念である」。覚道『憲法』、３０９頁。

たとえば、フランス革命に影響を与えたジャン・ジャック・ルソーの古典的な著作『社会契約論』を見れば、ルソー流の「社会契約」が、国民が自分たち相互で結ぶものであり、政府と人民の間の契約関係の考え方が希薄なものであることがすぐにわかる。なぜならルソーによれば、国民が国家それ自体であるので、政府と人民を分離して契約させるような発想が生まれる余地がないのである[70]。

ところが、このような国民主権論は、実際には、日本国憲法典の文言と、齟齬をきたしている。憲法前文で謳われている「信託」とは、政府と人民が「契約」関係にあることを示す概念である。つまり「国民主権」論だけに還元されることのない非ルソー的な「社会契約」を示している。これは社会構成員全員が平等に参加する社会を設立するための「社会契約」に加えて、統治構造を設立する人民と政府の間の「統治契約」の二重構造を内包した、たとえばジョン・ロックの議論に代表される、英米思想に特徴的な社会契約論である。

ロックの考え方では、いわゆる治者と被治者の同一性、つまり政府と人民の同一性は、契約論の域を出ない。政府が常に人民の名において行動する、ということがない。むしろ人民の利益の代弁者としては行動する。「信託」がある限り、政府は政府として人民の利益に資すると思う政策を実施する権限を持つ。もちろん安全保障政策はその根幹の一つだ。ただし、政府と人民は同一存在ではないので、信託に違反があれば、政府は罷免される。選挙で交代となるか、革命を起こされるかである。ロックの契約論では、政府と人民の距離感のある関係が、まさに契約関係を定める「信託」によって結ばれている。

17世紀イギリス革命期に多くの著述家たちは、「法の支配」を言い表す思想として、「Salus Populi Suprema Lex（人民の福祉が最高の法である）」というローマの聖句を頻繁に引用した。[71] 政府が統治行為を行うのは、政府と人民が一体化した主権者だからなの

70　ルソー（桑原武夫、前川貞次郎訳）『社会契約論』（岩波文庫、1954年）。

71　Locke, *op. cit.*, p. 391. たとえばこの聖句は1648年に出版された当時の政治思想を扱った論争的書物の題名だが、その副題は「人民の安寧こそが最高の主権（The Peoples Safety is the Sole Soveraignty [*sic*]）というものだった。*Salus Populi Solus Rex: The Peoples Safety is the Sole Soveraignty, or the Royalist out-reasoned*（n.k., 1648）, p. 2. See also Samuel Hunton, The King of Kings: Or *The Soveraignty of Salus Populi, over all Kings, Princes, and Powers whatsoever*（London: printed for the Author, 1655）.

ではない。人民との間の契約関係による権威にもとづいて行動する政府は、人民の福祉に役立つ政策をとることが契約の遵守であり、それに反する政策をとることが契約からの逸脱である。こうした契約論的な発想に依拠した考え方こそが、英米法に顕著に見られる立憲主義の基盤でもある。

もし英米思想に沿った社会契約論こそが、日本国憲法が「人類普遍の原理」と考えるものであるとすれば、国民主権の理念もまた、その「原理」に沿って理解しなければいけなくなる。つまりフランス革命期思想で語られた「国民主権」に沿って日本国憲法を理解するのではなく、ロックらのイギリスの思想家や、ロックに影響されて独立宣言を起草したジェファーソンらのアメリカの思想家たちにならって、人民に権威の源泉がある、という意味で、憲法前文を理解すべきだということになる。[72] 政府は、単に制限されることによって立憲主義に貢献するのではない。政府が契約を遵守し、人民の福祉の向上に役立つ政策をとっていくことこそが、立憲主義である。

憲法の権威の源泉が、絶対不可侵の権利の保持者である諸個人の集合体であるという考え方は、日本の憲法学者が陥りがちな、「国民主権」が全ての憲法規定を読み解く絶対原則だという考え方とは、違う。戦後の日本の憲法学は、芦部信喜の博士号取得論文が「憲法制定権力」をテーマにしたものであったことに象徴されるように[73]、憲法を制定し、さらに行動し続ける「国民」の「主権」に異様な関心を払ってきた。そのような日本の憲法学の特徴は、占領軍が憲法典を起草したという事実を消去し、アメリカの影を払拭したいという願望によるものだろう[74]。したがって日本の憲法学が、国民主権にこだわり、ドイツ・フランス思想の考え方を前提にし、アメリカ憲法思想の考え方を排斥してきたのは、決して偶然ではない。むしろ、ある特定の政治的立場の結果であった。

英米思想に依拠するならば、国民が国家の最高権力者だということを強調するのではなく、人民と政府の間に結ばれている「信託」関係を強調し、政府が契約関係によって成立しているものであることを強調する。言うまでもなく、その「信託」の内容を記した契約書が、憲法典と呼ばれるものであり、それは国の根本的な構成（constitution）を定めた文書のことである。

72　篠田『「国家主権」という思想』第1章、参照。
73　芦部信喜『憲法制定権力』（東京大学出版会、1983年）。
74　篠田『集団的自衛権の思想史』、第1章、篠田『ほんとうの憲法』、第5章、参照。

この人民と政府の間の関係を規定し、国の根本的な構成を定めた「信託」契約を、人民も政府もともに根本原則として遵守する。そのような基本的な構成の遵守を根本規範と考えるのが、言葉の純粋な意味で「立憲主義（constitutionalism）」と呼ばれるものである。

いたずらに「国民主権」主義を唱える態度は、「信託」契約の重視を強調していない点において、「立憲主義的（constitutional）」なものではない。国民主権論の名のもとに、ひたすら政府を制限しなければならないことだけを唱える日本の憲法学的な「立憲主義」は、日本国憲法が前文で謳っているような「立憲主義」とは異なる。

本当の立憲主義の神髄は、政府と人民の契約関係にあり、つまり「国政は国民の信託」という考え方にある。そしてこれこそが、日本国憲法の「一大原理」である。

それでは「信託」契約は、何を目的にしてなされたものであろうか。最も普遍的には、社会構成員の権利をよりよく守るために、「信託」契約がなされる。日本国憲法においても、もっとも崇高な権威を持つのは、憲法11条において「侵すことのできない永久の権利」とされる「基本的人権」である。また憲法13条において「国政の上で、最大の尊重を必要とする」とされる「生命、自由及び幸福追求に対する国民の権利」である。この権利を享受する恩恵を確約することこそが、日本国憲法の原則である「信託」契約としての立憲主義が目指す「目的」であることは言うまでもない。

なお「前文」では、「自由のもたらす恵沢の確保」と並んで、さらに二つの「目的」が示されている。「諸国民との協和」及び「戦争の回避」である。第二次世界大戦の惨禍によって「自由のもたらす恵沢の確保」が大きく損なわれた歴史的経緯をふまえて制定されたのが日本国憲法である。そのため「諸国民との協和」と「戦争の回避」が、「自由のもたらす恵沢の確保」と一体となって「目的」化されているのだと言える。

「戦争の回避」という目的は、憲法典を固定的に体系化する基準ではなく、むしろ「生命、自由及び幸福追求に対する国民の権利」の「恵沢の確保」を達成するために重視すべき政策的方向性だと考えるべきだ。主権者が「戦争を回避せよ」と命令しているので、その命令に従う、と考えるのではなく、憲法の目的を考慮して「戦争の回避」が達成されるように憲法典を解釈するべきだということである。「戦争の回避」という原理があるから、戦争をするかもしれない自衛隊は違憲だ、と言うべきなのではなく、「戦争の回避」を達成するという目的に沿って9条の「戦力不保持」の条項を運用するべきだということである。しかも「戦争の回避」という目的は、「諸国民との協和」や「自由のもたらす恵沢の確保」と調和する形で追い求められなければならない。

日本の憲法学者たちは、とにかく徹底して戦争を回避する「平和主義の原理」を持っているから、日本国憲法は世界の最先端を行く素晴らしい憲法だ、という議論を「通説」としてきた。「世界の最先端を走っているのが日本で、(平和主義を原理化していない)世界の国々は日本の平和主義の原理を見習うべきだ」といった宮沢俊義のような独善的な思想ですら、珍しくない態度となってきた。

しかし戦争の回避とは、「原理」ではなく、むしろ達成すべき「目的」である。そして「諸国民との協和」が目指すのは、根拠ない独善的な態度のことではない。むしろ「諸国民との協和」とは、日本は国際社会の一部として、国際社会と協調を図りながら、自らの生存を確保していくべきだ、ということを意味している。つまり「平和を愛する諸国民の公正と信義に信頼して、われらの安全と生存を保持しようと決意した」という政策的方向性を示しているのである。「信託」にもとづき、こうした政策的方向性に沿って、政府は自衛権の行使方法を含めた安全保障政策を整備していかなければならない。

5．本当の憲法前文「平和を愛する諸国民」

「前文」は、「平和を愛する諸国民（peace-loving peoples）」などの表現で、国連憲章を中心にした現代国際法を前提にして、憲法が成立していることを宣言している。

憲法前文は、日本国民が、「平和を愛する諸国民の公正と信義に信頼して」、自らの「安全と生存を保持しようと決意した」と宣言している。

この「前文」の一節は、あまりに非現実的な理想主義を表明したものとして、とても評判が悪い。なぜ他国の善意に自らの安全を委ねなければならないのか、というわけである。北朝鮮の善意を信じて、自国の安全保障政策を考えなければいけないのか、というわけである。

だが、これは誤解である。憲法学通説に騙された、誤解である。

憲法学では、この憲法前文の一節を根拠にして、日本は中立外交をとらなければならない、常に無抵抗主義をとっていかなければならない、といったことが主張されていたりする。

芦部『憲法』によれば、この一文は、「国際的に中立の立場からの平和外交、および国際連合による安全保障を考えていると解される[75]」。

罪深いガラパゴス解釈である。

「平和を愛する諸国民」は、GHQ憲法草案の「peace-loving peoples」を翻訳したものである。「平和を愛する諸国民」が何なのかは、この経緯をふまえたうえで考えるのが、最も正しい解釈方法である。

「平和を愛する諸国民（peace-loving peoples）」とは、1941年「大西洋憲章」で連合国（united nations）側の諸国を指す言葉として用いられたものである。1945年国連憲章にも同じような言葉「peace-loving states」が登場する。ここでも日本国憲法は、国際法遵守が憲法制定の意味であることを明らかにするために、はっきりと国連憲章の用語を用いて、国際法と憲法の連動性を保とうとしていた。

それを隠蔽し続けてきたのは、憲法学通説のガラパゴス主義である。

国連憲章4条は、国連加盟国のことを意味して、「平和を愛する諸国（peace-loving states）」という言葉を使っている。「平和を愛する諸国」であるとは、「この憲章に掲げる義務を受託し、且つ、この機構によってこの義務を履行する能力及び意思があると認められる」諸国のことである。国連憲章の趣旨をふまえ、加盟国に期待されている性質を強調するため、あえて加盟国を「平和を愛する諸国」と呼んでいるのである。

国連憲章は、アメリカが中心になって1945年に起草された条約だ。日本国憲法は、アメリカ人が中心になって1946年に起草された法律だ。両者が、ある一つの共通の言葉を用いているとしたら、非常に重要な概念として用いているとしたら、それは意識的な措置であったと考えるのが、当然だ。たとえどんなに憲法学通説がそれを覆い隠そうとするとしても、そのように考えるのが、自然だ。

日本国憲法前文が「平和を愛する諸国民」と呼んでいるのは、国連加盟国のことであり、現代国際法を守って国際秩序を維持していこうとする諸国民のことである。

日本は1956年に国連に加盟した。日本は、国連憲章を遵守する義務を負っている。

75　芦部『憲法』、56頁。

その日本が、国連加盟国を「信頼」するのは、当然である。その「信頼」があって初めて、北朝鮮に制裁を課す国連安全保障理事会決議の遵守を訴えたりすることができる。

日本国憲法制定当時、日本はまだ国連に加盟していなかった。そこで憲法は、国連加盟国とともに、国際法を遵守して国際秩序を維持していく決意を示すために、あえて憲法典に国連加盟国への信頼、つまり国連憲章を遵守する宣言を、挿入したのだろう。

日本国民が信頼しているのは、特に「平和を愛する諸国民の公正と信義」である。

「公正と信義」とは何だろうか。

芦部のような憲法学者によれば、冷戦中の二極対立構図から距離をおき、中立外交を目指すことを憲法が命じているのが、この一文なのだという。日本の主権回復を果たしたサンフランシスコ講和条約の際の議論に照らして言えば、現実の「片面講和」が違憲で、いわゆる「全面講和」が合憲だ、という主張である。[76]

法学者にして、驚くべきイデオロギー解釈だと言わざるを得ない。

「公正と信義」の意味を理解するために便利なのが、やはりGHQ憲法草案で用いられていた原文である。英語版では今でもそうなっているが、「公正と信義」とは「justice and faith」である。

なぜ「justice」という、通常は「正義」と訳される言葉が、ここでは奇妙にも「公正」と訳されているのだろうか。

実はGHQ憲法草案を最初に訳した外務省仮訳は、この部分を「正義」と訳していた。そのほうが、正しい訳であるだけでなく、一貫性がある訳だ。憲法9条でも「justice」が登場し、それは「正義」とされている。英語と日本語を比べてみたとき、同じ言葉が、同じ憲法典で、違う言葉に使い分けられてしまっていることが目につくのである。

繰り返しになるが、9条冒頭に登場する「正義」は、英語版では「justice」である。日本国憲法においては英語版では同じ「justice」が前文と9条で共通に用いられている。それにもかかわらず、日本語正文では前文の「公正」と9条の「正義」という異なる二つの概念に分かれてしまっている。純粋に日本語正版と英語版が錯綜した関係にある、というだけで、不思議な気持ちになる事実である。

76　丸山眞男「『三たび平和について』第一章・第二章」杉田敦（編）『丸山眞男セレクション』（平凡社、2010年）所収（初出『世界』1950年12月号）、篠田『ほんとうの憲法』第3～5章、参照。

外務省仮訳で「正義」とされた「justice」は、内閣法制局が担当した正式な日本政府の憲法案の作成過程において、「公正」とされた。１９４６年当時文部大臣だった安倍能成が作成したGHQ草案の前文の訳文案で「justice」が「公正」とされたことが記録によって確認されているが、これをふまえて１９４６年3月6日に終日開かれた臨時閣議において「公正」の語が確定された。安倍案が討議されたのは6日の午後になってからだったが、完成した日本文は即座にGHQの了承を得て、その日の午後5時に発表されている。[77]わずか数時間のうちに、「justice」の「正義」が「公正」に作り直されて確定してしまった。そして、その後の日本では70年以上にわたって、誰も「公正」が最初は「正義＝justice」だったことを思い出さなくなってしまったのである。

１９４６年3月6日午後に、誰の意向がどの程度働いて、「正義」が消されたのかは、わからない。あるいは担当の松本大臣を通じて、松本委員会の有力委員であった宮沢俊義・東大法学部教授の意向が働いた場面もあったかどうかも、わからない。史実として言えるのは、「正義」が、政府の正式な草案が完成されるその当日というぎりぎりの瞬間に、消された、ということである。

なぜ「正義」はダメだったのか。

「正義（justice）」は１９４５年国連憲章で用いられている概念だ。憲章1条1項は、「国際の平和及び安全を維持」という最優先されるべき目的を謳っているが、そのための紛争解決は「正義及び国際法の原則に従って実現する」ことも宣言している。「正義」は１９１９年国際連盟規約の冒頭でも登場していた。

国際法と憲法との連動性を隠し、「憲法優位説」にもとづく憲法学の唯我独尊を守ろうとする勢力が、国際法で使われている「正義」の概念を嫌ったのだろうか。ある程度はそうだったかもしれない。

だがさらに隠したかったのは、アメリカ合衆国憲法と日本国憲法の連動性であろう。アメリカ合衆国憲法は、その冒頭で次のように宣言している。

> われら合衆国の国民は、より完全な連邦を形成し、正義（justice）を樹立し、国内の平穏を保障し、共同の防衛に備え、一般の福祉を増進し、われらとわれらの子孫の

77　入江俊郎『憲法成立の経緯と憲法上の諸問題』（第一法規出版、１９７６年）、２２０、２５４頁。

ために自由の恵沢（the blessings of liberty）を確保する目的をもって、ここにアメリカ合衆国のためにこの憲法を制定し、確定する。

つまり、合衆国憲法の最高目的の一つが、「正義を樹立」することなのである。ちなみにあわせて合衆国憲法の目的とされている「われらとわれらの子孫のため」の「自由の恵沢（the blessings of liberty）」も、日本国憲法前文に登場する「われらとわれらの子孫のため」の「自由のもたらす恵沢」の公式英文やGHQ草案の「the blessings of liberty」と全く同じである。関連する重要条文である憲法13条「幸福追求権」の規定は、アメリカ独立宣言の文言の「コピペ」である。これは偶然の産物だろうか。

GHQの日本国憲法起草者たちは、アメリカ合衆国の憲法典について、全く知識を持っていなかっただろうか。全くの偶然で、日本国憲法にも「正義」を入れてしまったのだろうか。うっかり「平和を愛する諸国」の正義は、国連憲章や合衆国憲法でも使われている重要概念であることに、全く気付いていなかっただろうか。

むしろ事情は全く逆だったのではないか。彼らは、アメリカと日本の長い信頼関係を期待し、合衆国憲法や国連憲章のテキストを机の上に置きながら、日本国憲法典を起草した、というのが実際のところだったのではないだろうか。
もし日本国憲法でも「正義」が入れば、国連憲章だけでなく、アメリカ合衆国憲法との連動性も、より一層明白になる。憲法前文の「justice」が国際法にも沿った「正義」であるか、芦部の言う「公正」であるかは、日本国憲法の運命を占う重要な点なのである。

憲法学者を中心とする社会的勢力は、GHQが憲法草案を起草した事実を隠し通し、アメリカ合衆国憲法や国連憲章と日本国憲法の連動性を隠し通した。後述する「八月革命」説なる荒唐無稽な議論を振りかざしてまで、日本国憲法とアメリカ合衆国憲法の連動性を語ることをタブー視する運動を展開してきた。そのような勢力によって、「justice」は「正義」ではなく、「公正」であることになった。

このような経緯を考えると、宮沢の弟子筋の憲法学者が、「公正」を信頼するのだから、「中立外交」でなければならない、と主張するのは、自作自演の芝居の様相すら帯びてきて見える。アメリカを憎む憲法学者らの陰謀と言ってもいい。

整理しよう。「平和を愛する諸国」とは、国連憲章の用語で、国連加盟国を指す。その筆頭国は、言うまでもなくアメリカ合衆国である。そのアメリカは、自国の憲法の冒頭で「正義の樹立」を謳っている。そして日本国憲法は、「(アメリカを筆頭とする)平和を愛する諸国」の「(アメリカが樹立する)正義(公正)と信義」を信頼して、安全保障政策をとっていく、ということを宣言している。

はっきり言おう。憲法前文は、日米安全保障条約を中核とし、国連憲章によって基礎づけられた国際法規範を信頼して、日本が自国の安全を確保していく仕組みを、予定していたのである。

本来の憲法典が目指していたことは、後の憲法学者が言っていることの真逆だった。果たして憲法学者は、意図的にこのような憲法の読み替えを行ったのだろうか。少なくとも戦後初期の憲法学者は、そうだっただろう。

「平和を愛する諸国」という言葉は、すでにアメリカ大統領F・D・ローズベルトとイギリス首相W・チャーチルが大西洋上で会談した後に発表した1941年の「大西洋憲章」でも、用いられていた。大西洋憲章は、すでにドイツとの戦争に突入していたイギリスと、イギリスを強力に支援していたアメリカが、戦争の目的を明らかにしたものだ。戦争中からすでに、「平和を愛する諸国」は、「連合国(United Nations)」のことを指していることは、自明であった。

米英との戦争の開始を興奮して歓迎した東大法学部の憲法学者・宮沢俊義は、「平和を愛する諸国」が、ローズベルトとチャーチルが自国を指して用いた言葉であったこと、つまり第二次世界大戦中の「連合国（United Nations）」を指して用いた言葉であったこと、そして大戦中の「連合国」がそのまま平時の恒常組織へと生まれ変わったのが「国連（United Nations）」であったことを、当然よく知っていただろう。

さらに宮沢は、その他の事柄、つまりたとえば「全世界の国民が、ひとしく恐怖と欠乏から免かれ（free from fear and want）」ることを目指す日本国憲法前文の思想が、アメリカのローズベルト大統領が目指していた「恐怖からの自由（freedom from fear）」と「欠乏からの自由（freeom from want）」の概念の焼き直しであることが間違いないことなどにも、当然よく気づいていただろう。この二つの自由は、すでに「大西洋憲章」でも記載されていた。戦争中からの「連合国」のドクトリンが、日本国憲法前文に書かれているのである。

宮沢は、そのことに気づいていなかっただろうか。実は、よく知っていたのではないだろうか。よく知っていたからこそ、絶対にそのことについてはふれたくなかったのではないだろうか。連合国のドクトリンが日本国憲法の中に挿入されたということを、日本の憲法学の存在意義をかけて、ふれてはいけないタブーにしようとしたのではないだろうか。そこで、そのことに全くふれなくても済むような全く別個の憲法解釈を用意し、その憲法解釈を日本の憲法学の通説とすることに奔走したのではないだろうか。

宮沢は、戦後、その「連合国」＝「国連加盟国」の「正義と信義」を信頼して、自国の「安全と生存を保持する」というGHQ憲法草案を見て、何を思ったか。よし、このまま国連憲章を中心とする国際法規範を受け入れて生きていこう、と思っただろうか。少なくとも、その形跡は、全くない。

むしろ、できる限りＧＨＱ憲法草案の国際協調主義の性格を骨抜きにし、「連合国」＝「国連加盟国」の「正義と信義」を信頼して自国の「安全と生存を保持する」という憲法の内容を換骨奪胎することにこそ、深い関心を持ったのではないか。

宮沢が代表した戦後の護憲派の平和主義とは、裏を返せば、戦前から続く反米主義の系譜に属するものだったのではないか。

憲法学通説とは、日本国憲法に刻まれたアメリカの思想の跡を、一つ一つ丹念に消去していく長年にわたる社会運動の集積のことだったのではないか。

憲法学通説とは、憲法が規定する「平和を愛する諸国」が、アメリカの同盟国たる「連合国」のことであり、アメリカが中心となって形成された「国連」加盟国のことである、という明白な事実を、ただひたすら黙殺するための、壮大な反米イデオロギー社会運動のことだったのではないか。

6. 本当の憲法前文「法則」

「前文」は、「自国のことのみに専念して他国を無視してはならない」という「普遍的な」「政治道徳の法則」に従うことが、「自国の主権を維持し、他国と対等関係に立たうとする各国の責務」であると強調し、日本の主権回復には、現代国際法の遵守が前提になることを宣言している。

立憲主義の根幹を構成する「信託」が、「人類普遍の原理」であり、日本国憲法唯一の明示的に定められた「原理」であることについては、すでに述べた。憲法「前文」には、この「一大原理」に加えて、「政治道徳の法則」と描写されている事柄がある。国際協調主義の精神が、その法則である。

憲法「前文」は、「いづれの国家も、自国のことのみに専念して他国を無視してはならないのであつて、政治道徳の法則（laws of political morality）は、普遍的なものであり、この法則に従ふことは、自国の主権を維持し、他国と対等関係に立たうとする各国の責務である」と謳っている。日本国憲法において、もし立憲主義の「人類普遍の原理」の他にも原則があるとすれば、「政治道徳の法則」と表現される国際協調主義であろう。

憲法制定当時、日本はまだ主権を回復していなかった。占領下で憲法が成立したことを考えると、この憲法前文の含意は政治的であった。憲法前文の考え方にしたがえば、日本はこの「政治道徳の法則」に従う「責務」を全うすると信じてもらえなかったために、「自国の主権を維持」する状態を奪われたことになる。侵略戦争を起こし、「政治道徳の法則」に従う「責務」を果たさなかったため、「自国の主権」を奪われてしまったのである。したがって国際協調主義とは、日本が主権を回復して独立国に復帰するための条件と言っても良いものだったはずだ。

この憲法前文で表明されている国際協調主義は、日本国憲法の考え方を特徴づけている重要な「法則」だ。そのことには重要な含意がある。憲法学者が主張する絶対平和主義と、実際の憲法典が表明している国際協調主義のどちらがより重要なのか、という大きな問いが、そこにひそんでいる。

日本の憲法学では、憲法9条を必要以上にロマン主義的に捉え、世界でも類例のない画期的な規定であると説明するのが普通である。そのため、もし憲法9条と国際社会の間に乖離が見られる場合には、国際社会に憲法9条を見習わせて協調を目指していくべきだ、といった主張をすることが珍しくない。

こういった議論を正当化するために、憲法学通説は、国際協調主義を「三大原理」から追い出した。そして代わりに平和主義を「三大原理」に招き入れたのだろう。

そのような経緯で、国際協調主義は絶対平和主義に屈服するべきだ、という考え方が、あたかも日本国憲法が発しているメッセージであるかのように誤解されることになった。憲法解釈にあたっては「中立外交」を強調する憲法学通説に従うべきだ、といった話を憲法論に仕立て上げようとする運動が勝利することになった。

しかし実際の憲法典は、そのようなことは言っていない。憲法が表明しているのは、国際協調主義の法則にのっとって、戦争を回避していく、という姿勢である。

国際協調主義は、憲法学者が定義する平和主義に屈服しなければならない、というドクトリンは、憲法学者による人気投票の多数決で通説化したものでしかない。むしろ憲法学者のロマン主義的な9条解釈こそが後付けの工作物であり、本当の憲法は、最初から国際協調主義的なものを「法則」としていた、と言うのが正しい。

国際協調主義が謳われている憲法前文を見るならば、国際社会を変革する主導的理念を実現したのが日本国憲法だ、などという理解が空想に過ぎないことが明白になってくる。むしろ国際協調主義という「政治道徳の法則」をよりよく遵守するための手段として、憲法は憲法9条という明文規定を欲した。それだけのことだ。

もう一度、あらためて憲法9条の条文を見直してみよう。それは、9条一つのみで成立している「戦争の放棄」と題された「第二章」の条項として、憲法典に存在している。

> 第九条　日本国民は、正義と秩序を基調とする国際平和を誠実に希求し、国権の発動たる戦争と、武力による威嚇又は武力の行使は、国際紛争を解決する手段としては、永久にこれを放棄する。
> 2　前項の目的を達するため、陸海空軍その他の戦力は、これを保持しない。国の交戦権は、これを認めない。

憲法9条を読んでまず気づくべきなのは、「正義と秩序を基調とする国際平和を誠実に希求」するという、すでに前文で表明された「目的」に近づいていこうとする過程において、手段として定められたのが憲法9条だ、ということだ。「国権の発動たる戦争と、武力による威嚇又は武力の行使」の放棄、「陸海空軍その他の戦力」の不保持、「国の交戦権」の否認、などは全て、「国際平和」を達成するための手段として、導入されたものだ。

すでに述べたように、この憲法9条の二つの条項のそれぞれの冒頭に、意味を明晰にするための文章を追加した憲法改正小委員会の委員長の芦田均は、憲法学者からいわれのない誹謗中傷を受け続けてきた。国際政治学者の細谷雄一は、最近の著作の中で、芦田の復権を図っている。[78] 芦田の国際主義こそが、日本を救った。むしろ、芦田こそが、本当の憲法の国際協調主義を深く理解していた。

もっとも、それだけに、憲法学者にとっては芦田の存在は邪魔だった、ということだろう。そのために、芦田は、憲法学通説によって、抹殺されてしまった。

しかし本当の日本国憲法典を参照するならば、芦田の憲法読解こそが正統だ。国際協調主義こそが、憲法9条を通じて遵守することを強調しようとした「政治道徳の法則」である。

通俗的な憲法解釈は、憲法9条は世界に先駆けて日本が導入した画期的な条項であり、世界は憲法9条を持つ日本を見習うべきだ、そうすれば世界は平和になる、という物語を広めようとする。しかし、実際の憲法典は、そのような独善的で他人任せの夢想を語っているものではない。

ぎりぎりの状況の中で、日本がそれでも生き残っていくために、国際社会に向けて協調の姿勢をアピールするために作られたのが、憲法である。その精神は、簡明に憲法前文に謳われている。9条は、その具現化だ。

それを知るには、憲法学通説ではなく、学校教科書ではなく、ただ日本国憲法の実際のテキストだけを読んでみることだけが、必要だ。そうして、自国中心主義的で歴史感

78　細谷雄一『戦後史の解放Ⅱ　自主独立とは何か 前編――敗戦から日本国憲法制定まで』（新潮選書、2018年）。

覚の欠如したガラパゴス的なロマン主義を排したとき、素朴で素直な憲法の理解が可能となるのである。

7．本当の「集団的自衛権」

２０１５年、平和安全法制が審議された際、集団的自衛権の合憲性が話題になった。憲法学者らは、取り憑かれたかのように集団的自衛権は違憲だと叫び、安倍首相は「クーデター」を起こしている、などと主張した。

政治運動に奔走する憲法学者らの姿は、専門を異にする私の眼には、異様なものに見えた。なぜ彼らは、ここまで感情的になっているのか。私が日本の憲法問題について時間をとって調べなおし、著作を書き始めるようになったのは、安保法制成立の際の憲法学者の行動の異様さに強い印象を受けてからであった。

首相は、誰に対してクーデターを起こしたのか。

答えははっきりしている。首相は、憲法学者に対してクーデターを起こした、その罪で、憲法学者から断罪されたのであった。

集団的自衛権は違憲だ、と叫ぶ憲法学者は、権威ある社会的集団としての既得権益を脅かされていた。それをクーデターという概念で描写するかしないかは、レトリックの問題にすぎない。

その後、私はいくつかの著作の中で、憲法学者の主張には根拠がない、と指摘してきた。

憲法学者たちの運動は、長谷部恭男・元東京大学法学部教授が、国会で参考人招致された際に集団的自衛権は違憲だと発言したときから、盛り上がりを見せた。しかし、実は、憲法学界の最高峰に位置すると言ってよい存在の長谷部教授の一連の安倍政権批判の記述を見てみると、真面目な集団的自衛権違憲論はほとんど提示されていないことに驚かされる。長谷部教授が主張しているのは、一度決めたことは変えるな、ということでしかない。[79]

長谷部教授によれば、内閣法制局見解を首相のイニシアチブで変更するとしたら、それは立憲主義の破壊なのだという。いささか大げさすぎる言辞である。

長谷部教授が、なるべく内閣法制局の見解は変えない方がいい、と考えるのは勝手だが、それは法律論ではない。単なる個人的な嗜好である。憲法学者としての肩書をつけて語るとしても、その内容に憲法上の根拠はない。

長谷部教授の議論に法的根拠がない、という指摘については、有名になった藤田宙《とき》靖《やす》・元最高裁判事の論文で詳細になされている。ちょっと丁寧すぎるくらいの丁寧さで、長谷部教授の議論の法的根拠の薄弱さを指摘した論文だ。[80] 長谷部教授は、反論めいた文章を書くには書いたが、実態としてそれは反論ではなかった。[81] あらためて、内閣法制局の見解は変更されてはならない、といった個人的な心情が吐露されているだけであった。

国際法学者で自衛権の研究を専門とする森肇志・東京大学法学部教授は次のように言う。「国際法の立場から集団的自衛権についての憲法学の議論を拝見すると、若干肩すかしを食らうような印象があります。……集団的自衛権についてはさほど詳細な議論がなされていないように思います。集団的自衛権とは何かについて政府見解を引用した上

79 たとえば、長谷部恭男（編）『検証・安保法案――どこが憲法違反か』（有斐閣、2015年）、長谷部恭男・杉田敦（編）『安保法制の何が問題か』（岩波書店、2015年）、長谷部恭男（編）『安保法制から考える憲法と立憲主義・民主主義』（有斐閣、2016年）。

80 藤田宙靖「覚え書き――集団的自衛権の行使容認を巡る違憲論議について」『自治研究』第92巻第2号、2016年2月号、3-29頁。

81 長谷部恭男「その7　有権解釈とは何なのか」『憲法学の虫眼鏡』（白鳥書店、2017年7月3日）〈http://www.hatorishoten-articles.com/hasebeyasuo/7〉。

で、同じく政府見解がこれを認めていないことを指摘するのが基本パターンかと思います[82]」

憲法学者の逆鱗にふれたのは、伝統的に東大法学部出身の高級官僚で国内法に精通した者が務める内閣法制局長官のポストに、安倍首相が一橋大学卒で外務省出身の国際法を専門とする小松一郎氏をあてたことであった。これは憲法学者に言わせれば、「クーデター」に等しい出来事であった[83]。首相が憲法学者を頂点とする社会集団が認める人事慣行に反抗するというのは、憲法学者が信じる「安定性」の観点からは、あってはならないことなのであった。

既得権益をめぐる政争をこえて、集団的自衛権の問題を見てみるならば、興味深い構図が見えてくる。憲法学者のほとんどは、集団的自衛権の行使は違憲だと考える。ところが、安全保障の法的基盤の再構築に関する懇談会（安保法制懇）に集った学者らは、そのようには考えなかった。

憲法学者に言わせれば、憲法を知らないから国際政治学者らは集団的自衛権を合憲だと言うことができるのだという。だが、あるいは事実は、憲法学のムラ社会の人事慣行によって制裁措置を受ける可能性がないので、国際政治学者は心配することなく自由に発言をすることができる、それだけのことだったのではないか。

問題の構図は、国際政治学者が憲法を知らないことによってではなく、憲法学者が国際法を知らないことによって生まれてきているのではないか。

自衛権は、本来的に国際法の概念である。もし憲法学者が介入して感情的になってでも違憲を主張するのであれば、それは相当な覚悟がいるはずだ。そうだとすれば、「内閣法制局の見解は変えてはいけないという政治運動を盛り上げるのが憲法学者の仕事だ」といった他人任せの態度は、許されないはずだ。

82　森肇志・宍戸常寿・曽我部真裕・山本龍彦「座談会　憲法学と国際法学の対話に向けて」宍戸・曽我部・山本（編）『憲法学のゆくえ――諸法との対話で切り拓く新たな地平』（日本評論社、2016年）、383頁。なおこれに対して憲法学者の宍戸は、「そもそも憲法学が、『個別的自衛権』という概念を国際法学の水準から見てきちんと受け止めているのかという、実はより根深い問題があるのかもしれません」と述べつつ、「これは憲法学が悪いというよりは、日本国内における自衛権の機能、政府見解における機能にもともと問題があるのではないか」とかわしている。同上、384頁。

83　本書第12章を参照。

自衛権の行使を違憲だとする説のガラパゴス的な性質は、すでに9条1項にからめて指摘した。さらにいっそう不思議な議論として扱いたいのは、個別的自衛権は合憲だが、集団的自衛権は違憲だ、という議論である。果たして憲法は、本当に、自衛権を個別的なものと集団的なものに分け、前者は合憲だが後者は違憲だ、などと言っているのだろうか。

少なくとも憲法典を読む限り、そのようなことが書かれている形跡はない。

石川健治・東京大学法学部教授などの憲法学者によれば、そもそも個別的自衛権だけが真の自衛権で、集団的自衛権は「異物」だという。[84] なぜ憲法学者はそんなことを言うのかといえば、国際法上の概念である自衛権を、国際法に沿って理解しないからである。国際法上の概念である自衛権を、国際法とは関係のない尺度で測って審査しようとするから、国際法上の二つの概念のうち、一つは真正だが、もう一つは異物だ、などという的外れな話が生まれてきてしまうのである。

憲法学者は、まず憲法9条が自衛権の行使を違憲にすると考える。ところが個別的自衛権だけは、例外として合憲になりうるという。なぜかと言えば、19世紀ドイツ国法学である。国家には自己保存の自然権があるが、それは刑法上の正当防衛のように、自分自身を守るときだけに認められる権利だから、という議論である。

19世紀ドイツ国法学が、憲法典を解釈する暗黙の基準になるという奇妙なルールに、いったいどのような法的根拠があるのか。

結局、憲法学者が合憲だと言っている個別的自衛権と呼んでいるものは、国際法における本当の個別的自衛権でもない。19世紀に流行ったドイツ国法学の「国家の基本権」思想のなれの果てである。日本の憲法学者は、21世紀になっても、極東の島国で、ドイツ国法学の思考枠組みこそが憲法解釈の基準だ、と時代錯誤も甚だしい主張をしているにすぎない。現代国際法の論理構成を無視したうえで、19世紀ドイツ国法学は合憲判断の基準になる、と主張しているにすぎないのである。

21世紀の今日になってなお、国家が自然人と同じ生き物でもあるかのように考え、国家には自己保存の自然権がある、などと（法的根拠を示さず）大真面目に断言しているというのは、恐るべきアナクロニズムである。まして、その謎の国家の自然権に似てい

84 「座談会　憲法インタビュー：安全保障法制の問題点を聞く――石川健治先生に聞く」、『Ichiben bulletin』、２０１５年11月1日、№５１２、５頁。

るように見えるものは合憲、似ていなければ違憲だ、などと論じてしまうというのは、まさにガラパゴス論だと言わざるを得ない。

すでに述べたように、国際法上の自衛権は、それ自体が公権力の行使であり、私人による緊急避難措置である正当防衛とは違う。自衛権は公権力の行使だ、ということに気づけば、国際法において個別的自衛権と集団的自衛権が同じ自衛権の概念でくくられて理解されていることの意味がわかってくる。

自衛権とは、違法行為に対抗する措置として、国際秩序を維持するための公権力の行使なのである。その点では、一つの国家が単独で自衛権を行使する個別的自衛権も、複数の国家が集団で自衛権を行使する集団的自衛権も、その意義は同じである。さらに言えば、（侵略国家を除いて）国際社会を構成する諸国の全てが公権力を行使する集団安全保障の場合も、個別的自衛権や集団的自衛権の場合も、国際秩序の維持を図るための公権力の行使、という点では、同じ意義を持っている。

確かに国際法において集団的自衛権が条約で明示されるようになったのは、1945年国連憲章においてである。ただし、日本国憲法を起草したアメリカ人たちの母国は、早くから西半球世界において、事実上の集団的自衛権の安全保障の仕組みを作り出していた。「モンロー・ドクトリン」と呼ばれたアメリカの外交政策の伝統は、ヨーロッパ列強の西半球世界に対する干渉を排するものであったが、中南米諸国のヨーロッパ諸国に対する安全はアメリカ合衆国が集団的自衛権を発動するかどうかにかかっていたと言ってよい。これは地域的な集団安全保障体制とも言えるものでもあった。１９１９年国際連盟規約21条は、同規約がモンロー・ドクトリンに影響を与えないことを宣言したが[85]、米国大統領ウッドロー・ウィルソンの考えにしたがえば、それは国際連盟がモンロー・ドクトリンの安全保障空間の拡大であったからだった。

日本が１９４１年12月８日にイギリス領マレー半島とアメリカ合衆国ハワイの真珠湾を攻撃した後、オーストラリア、ニュージーランド、カナダ、オランダなどが、対日戦に参加した。これらの連合国側諸国は、侵略攻撃を仕掛けた日本に対して、自衛権を発動した英米両国とともに共同戦線を張った。国連憲章51条は存在していなかったが、国際連盟規約と不戦条約の枠組みに従って、事実上の集団的自衛権を発動して、戦争に参

85　国際連盟規約第21条「本規約は、仲裁裁判条約の如き国際約定または『モンロー』主義の如き一定の地域に関する了解にして平和の確保を目的とするものの効力に何等の影響なきものとす」

加したのである。

憲法学者は、集団的自衛権は、「異物」だという。集団的自衛権の考え方を否定することは、戦前の大日本帝国を擁護して、連合国側の諸国の行動を否定することに等しい。反米・護憲派は、国連憲章を否定し、国連加盟国（連合国＝United Nations）を否定し、ドイツ国法学の考え方を唯一の基準として、大日本帝国時代の議論を肯定するのである。恐ろしい話である。

憲法学者は、集団安全保障は良いが、集団的自衛権はダメだ、などと言う。なぜなら集団安全保障は全体だが、集団的自衛権は全体ではないからだという。こうした言い方は、すでに個々の国家が国際秩序の維持のために公権力を行使することができるという仕組みを、完全に無視した言い方である。国際法に、国内法の仕組みを求め、国内法に似ているように見えるところはマシだ、似ていないところはダメだ、と勝手に論じているのである。これは日本人が、外国人の風習を見て、日本人の風習と似ているところはマシだ。似ていないところはダメだ、と言っているようなものだ。完全なガラパゴス議論である。

1972年内閣法制局見解は、憲法学のガラパゴス議論を、そのまま映し出したようなものであった。72年見解によれば、「平和主義をその基本原則とする憲法が、右にいう自衛のための措置を無制限に認めているとは解されないのであって、それは、あくまで外国の武力攻撃によって国民の生命、自由及び幸福追求の権利が根底からくつがえされるという急迫、不正の事態に対処し、国民のこれらの権利を守るための止むを得ない措置としてはじめて容認されるものであるから、その措置は、右の事態を排除するためとられるべき必要最小限度の範囲にとどまるべきものである。そうだとすれば、わが憲法の下で武力行使を行うことが許されるのは、わが国に対する急迫、不正の侵害に対処する場合に限られるのであって、したがって、他国に加えられた武力攻撃を阻止することをその内容とするいわゆる集団的自衛権の行使は、憲法上許されないといわざるを得ない[86]」。

憲法13条の「生命、自由及び幸福追求に対する国民の権利」が、自衛権の合憲性の根拠となるが、この13条は自国が武力攻撃を受けたときにしか発動されえない、という議論である（なお憲法13条はアメリカ独立宣言の「コピペ」だが、当時の13の北米の主権

86　1972年10月14日参議院決算委員会提出資料。

国家〔State〕は、独立宣言でいわば集団的自衛権の行使を正当化した）。

すでに拙著『集団的自衛権の思想史』でもふれたが、憲法13条に着目する議論は、吉田茂政権時代の内閣法制局長官であった佐藤達夫の著作で確認できる。[87] 佐藤は、憲法13条の安全保障の要請と、9条2項の戦力不保持の要請とがぶつかり合い、「線引き」がなされる、という理論枠組みを持っていた。ただし佐藤はその「線引き」を自衛隊の「近代戦争遂行能力」の程度によって行おうとしていた。13条と9条の間の「線引き」を、個別的自衛権と集団的自衛権の区別によって行おうとしたのは、1972年内閣法制局見解が初めての文書である。人類の歴史で初めてだった、と言ってよい。

残念ながら、自国が攻撃されていなくても、「生命、自由及び幸福追求に対する国民の権利」が侵害されている状況は、容易に想像できる。72年見解の論理にしたがうと、海外で日本国民が武力攻撃を受けて殺害されても、「生命、自由及び幸福追求に対する国民の権利」は侵害されていないことになる。ナンセンスである。あるいは自国を侵略する意図を持って隣国を侵略した国が現れても、それに対抗することは「生命、自由及び幸福追求に対する国民の権利」を守ることにはならないのだという。なぜならまだ日本の領土が攻撃されていないからだという。国家の存在を過度に実体的に捉えすぎてい

コラム　1972年内閣法制局見解

1972年10月に出された、集団的自衛権に関する政府見解。「日本は集団的自衛権を有しているが、憲法の容認する自衛の措置の限界を超えるので、行使はできない」との見解を表明した。

注目すべきは、この見解が出されたのが沖縄返還の5ヶ月後だった、ということである。集団的自衛権違憲論が国会答弁で口頭で示されるようになったのは、佐藤栄作政権が沖縄返還を真剣に交渉し始めた1960年代末であった。第8章のコラムでも記す通り、砂川判決が出された1950年代には、自衛権を集団的と個別的に分けて解釈する議論自体はほとんど存在しなかった。当時であれば、「集団的自衛権の行使は違憲」と言ってしまえば、施政権はアメリカが持つものの日本の残存主権が認められていた沖縄を「見捨てる」ことにつながってしまう。その一方、沖縄の施政権を米国が持っている限りは、沖縄からの米軍戦闘機発進に責任を負わなくてもよかった。しかし、沖縄返還後は、ベトナム戦争に従事している米軍のために基地を提供すれば、日本が集団的自衛権を行使している状態に陥る。

沖縄返還の5ヶ月後に発せられた集団的自衛権の行使を否定する72年法制局見解は、「アメリカに守ってもらいたいが、アメリカの戦争には関わらない」「沖縄は日本の一部だが、日本は米軍の行動を関知しない」という、日本の政治的な願望を実現するものだった。

るため、こうした発想が出てくるのだろうが、19世紀ドイツ国法学の残滓である。

72年見解は、本来は個人の権利の規定である13条の「生命、自由及び幸福追求に対する国民の権利」の問題を、日本という国家への攻撃、という別次元の問題に完全に移し替えてしまっている点で、大きな問題をはらんだものであった。個人の権利は、全て日本国家の権利に還元され、日本国家が攻撃されるまでは個人は攻撃されたことにはならない、という考え方は、ほとんど憲法と相いれない全体主義の考え方である。

個人の権利を守るために公権力が予防行動をとることも、72年見解は禁止する。なぜなら個人の権利の侵害は、国家が攻撃されるまでは対抗してはいけないものだからだという。契約論的な立憲主義の考え方に反した、恐るべき国家中心主義の考え方である。

なぜこのような国家中心主義の考え方が堂々と主張されたのかと言えば、ドイツ国法学に沿った国家法人説の思想を信奉しすぎていて、極端に大真面目に個人の存在と国家の存在を同一視しているからなのである。こうした72年見解にしたがえば、政府が行使する公権力は、常に法人としての国家を守るだけに等しく、個人の権利なるものは国家という法人に包摂されている限りにおいて守られるに過ぎない。

憲法13条に憲法上の自衛権の根拠を見出す議論を早くから示していた佐藤達夫は、13

条の論理の性格を正確に見抜いていたがゆえに、集団的自衛権は違憲だ、などということは論じなかった。13条の個人の権利を、ドイツ国法学のロマン主義的な国家主義に還元させて理解するといった日本国憲法から逸脱した議論を行うことはしなかった。[88] 政府レベルでは、72年見解になって初めて、個人の権利が、ドイツ国法学の国家主義に飲み込まれてしまったのである。

87 篠田『集団的自衛権の思想史』、178頁、佐藤達夫『憲法講話』(立花書房、1959年)、19-20頁。なお佐藤栄作政権時代に内閣法制局長官を務めた高辻正己が、初めて政府を代表して国会答弁で集団的自衛権の違憲性を述べ始めた人物だが、自衛権を正当防衛になぞらえて説明するなど、ドイツ国法学的な発想方法を持っていた。13条が9条の例外を作る、その例外の範囲は日本の領域によって制限される、集団的自衛権は個別的自衛権の量的拡大にあたる、などの発想は、高辻の時代に作られたと思われる。72年見解で結実した、個別的自衛権と集団的自衛権の相違を、「数量的概念」上の相違として捉える冷戦時代の日本政府に独特の発想は、憲法学者でも問題視する者はいる。棟居快行「『集団的自衛権』の風景——9条・前文・13条」『法律時報』87巻12号、2015年11月、参照。国際法の観点からの批判は、佐瀬昌盛『集団的自衛権——論争のために』(PHP研究所、2001年)。

なお72年見解は、「必要な自衛の措置」は「必要最小限度の範囲にとどまるべき」なので、集団的自衛権は違憲だ、という論理構成を提示したことにおいても、問題をはらんでいる。本来は、個別的自衛権と集団的自衛権の違いは、自衛権を行使する国家の数によって区分けされるものにすぎず、どちらかが必ず「最小限」で、どちらかが必ず「最小限ではない」と決められるようなものではない。多数の国家が自衛権を行使していても、その内容は非常に小規模であることは、十分にありうる。他方で、ある一つの国家が単独で行う自衛権の行使であっても、甚大な規模で行われることもあり、全く最小限などとは言えない内容になることも当然ありうる。72年見解は、国際法に内在した論理で個別的自衛権と集団的自衛権を区分けする方法を無視し、あえて単独国家であれば常に「最小限」で、複数の国家であれば常に「最小限ではない」という独自の論理構成を持ち込んだ。それは国際法の考え方に合致していないだけでなく、現実感覚が失われた極度の抽象論であった。

なぜそうなったのかと言えば、ドイツ国法学の国家法人説である。結局は、国家が自分自身を守るのは自然権的な基本権なので、「必要最小限」であろう、国家の自己保存の権利は（憲法典には書いていないのだが）「憲法が容認する措置」に違いないだろう、というドイツ国法学的な国家法人説が絶対真理だという思い込みに訴えるだけの議論である。

なお憲法学者らを中心にして、日本政府は憲法制定時から一貫して集団的自衛権を違憲だと考えてきた、と主張する方々がいる。

根拠がない思い込みである。

私は拙著『集団的自衛権の思想史』で、集団的自衛権違憲論が政府見解として主張されるようになったのは、1960年代末であると指摘した。憲法学者の方々の言説でも、具体的な反証が出てきたことはない。政治運動には熱心でも歴史検証には興味がないようで、残念である。

リベラル派とされる政治学者の吉次公介氏の著書で、1956年に集団的自衛権を違

88 ちなみに、フランスの憲法論に精通していた樋口陽一は、国家の自然権としての自衛権を否定していた。樋口陽一「第二章　戦争の放棄」、174-175頁。ただし樋口は、憲法は自衛権を全面的に否定しているという立場から、そのように論じた。つまり個別的自衛権も違憲だと考えたのであり、樋口は個別的自衛権と集団的自衛権を切り分ける論理を提示していない。

憲とする政府答弁があったかのような記述があった。私からの繰り返しの質問に対する出版元の（集団的自衛権違憲論の憲法学者の著作を大量出版している）岩波書店からの回答によれば、１９５６年と書かれているのは、実は昭和56年（１９８１年）の間違いだった、ということであった。[89]

唯一の例外とされるのが、１９５４年に下田武三・外務省条約局長が行った答弁だが、それは憲法学者が自らの主張の根拠とすることができるようなものではない。なぜなら下田自身が、自らの答弁内容が政府統一見解であることを否定していたからだ。また、集団的自衛権の違憲性を示唆した下田に対して、質問者の社会党議員のほうが驚いて、集団的自衛権は憲法の枠の一部になっているはずだ、と指摘していることが記録に残っている。下田も、あえてその点に反論するようなことはしなかった。[90]

その後、１９６０年の新日米安保条約締結時の国会でのやり取りをみると、岸信介首相や内閣法制局長官までが、少なくとも部分的な集団的自衛権の行使は違憲だとは言えないと明言している様子が記録されている。

ちなみに立憲民主党の山尾志桜里・衆議院議員（元検事）は、「第二次安倍政権をのぞく全ての歴代政権が……一部であれ集団的自衛権を認めることはできないと一貫して

89　篠田英朗「吉次公介『日米安保体制史』の誤りと岩波新書」（２０１８年11月17日）〈http://agora-web.jp/archives/2035734.html〉。岩波書店は、重版になれば訂正する、それまでは訂正しない、と回答した。

90　１９５４年６月３日、当時外務省の条約局長であった下田武三は、次のように答弁を行った。「日本憲法からの観点から申しますと、憲法が否認してないと解すべきものは、既存の国際法上一般に認められた固有の自衛権、つまり自分の国が攻撃された場合の自衛権であると解すべきであると思う」。そのため「集団的自衛権、これは換言すれば、共同防衛または相互安全保障条約、あるいは同盟条約ということでありまして、……一般の国際法からはただちに出て来る権利ではございません。それぞれの同盟条約なり共同防衛条約なり、特別の条約があつて、初めて条約上の権利として生れて来る権利でございます。ところがそういう特別な権利を生ますための条約を、日本の現憲法下で締結されるかどうかということは、先ほどお答え申し上げましたようにできない」。

　この下田の答弁には、質疑応答の相手方であった社会党議員である穂積七郎のほうが驚き、「集団的自衛権という観念は、もうすでに今までに日本の憲法下においても取入れられておるわけです。そうなると、……すでに憲法のわくを越えるものだというように考えますが」と質問した。これに対して下田は、「憲法は自衛権に関する何らの規定はないのでありますけれども、自衛権を否定していない以上は、一般国際法の認める自衛権は国家の基本的権利であるから、憲法が禁止していない以上、持つておると推定されるわけでありますが、そのような特別の集団的自衛権までも憲法解釈してきたのです」と著書『立憲的改憲』の中で主張している。憲法学者の言説を盲目的に信じる司法試験受験者に典型的なパターンの誤りだと断ぜざるを得ない[91]。

1960年の日米安保条約改定以降に、日本への攻撃の際には米国は集団的自衛権を行使し、日本は個別的自衛権を行使する、という論理構成が注目されるようになったのは、事実だ。だが日米安保条約には、極東条項もある。朝鮮国連軍地位協定と連動して、朝鮮半島への米軍出撃にあたって日米安保条約が援用されることも自明である。

「集団的自衛権という内容が最も典型的なものは、他国に行ってこれを守るということでございますけれども、それに尽きるものではないとわれわれは考えておるのでありま す。そういう意味において一切の集団的自衛権を持たない、こう憲法上持たないということは私は言い過ぎだと、かように考えております。しかしながら、その問題になる他国に行って日本が防衛するということは、これは持てない。しかし、他国に基地を貸して、そして自国のそれと協同して自国を守るというようなことは、当然従来集団的自衛権として解釈されている点でございまして、そういうものはもちろん日本として持っている、こう思っております」（岸信介首相[92]）

「たとえば、現在の安保条約におきまして、米国に対して施設区域を提供いたしておりは禁止していないから持ち得るのだという結論は、これは出し得ない、そういうように私は考えております」と答えた。そこですかさず穂積は、「今のその御解釈は、これはあなた個人の御意見ではなくて、外務省または政府を代表する統一された御意見と理解してよろしゅうございますか」と質問した。下田は、「外務省条約局の研究の段階で得た結論」と述べ、政府統一見解にまでは至っていないと説明した。（第19回国会衆議院外務委員会議録第57号［1954年6月3日］、5頁）。

なおこの下田の答弁をもって集団的自衛権違憲の政府判断がなされていた、と論じられることもある（浦田一郎「集団的自衛権論の展開と安保法制懇報告」奥平康弘・山口二郎（編）『集団的自衛権の何が問題か──解釈改憲批判』［岩波書店、2014年］所収、106頁）。これについては、まず下田が「政府の見解」ではないと強調した点は留意しなければならない。またさらに日本が国連未加盟国であった1954年の当時と、国連加盟を果たした1956年以降とで国連憲章上の権利に対する評価が変わるか、1960年新安保条約もまた「共同防衛または相互安全保障条約、あるいは同盟条約」ではないと言えるのかどうかが、論点になりうる。そもそも集団的自衛権は一般国際法では認められていないという見解は、戦前の古い見解だ。

下田は、1931年東京帝国大学法学部卒で、佐藤達夫らと同じく、美濃部・立の全盛時代に東大法学部に在籍した世代である。「一般国際法の認める自衛権は国家の基本的権利」だという考え方を論理構成の基本に据えるのは、「国家法人説」を通説とみなす世代に、特徴的なものであろう。日本では立作太郎が基本権に依拠した国際法講義を東大法学部で行っていたが、立を後継した横田ます。あるいは……米国が他の国の侵略を受けた場合に、これに対してあるいは経済的な援助を与えるというようなこと、こういうことを集団的自衛権というような言葉で理解すれば、こういうものを私は日本の憲法は否定しておるものとは考えません」(林修三内閣法制局長官[93])

「国際的に集団的自衛権というものは持っておるが、その集団的自衛権というものは、日本の憲法の第九条において非常に制限されておる、こういうような形によって日本は集団的自衛権を持っておる、こういうふうに考えておるわけであります。……憲法第九条によって制限された集団的自衛権である、こういうふうに憲法との関連において見るのが至当であろう、こういうふうに私は考えております」(赤城宗徳防衛庁長官[94])

結局、1960年代末に集団的自衛権違憲論が政府見解になった背景として、ちょうど同じ頃、佐藤栄作首相が沖縄返還を現実的な政策目標として掲げたことが大きく影響していた、と考えるべきだ。当時の国際法学者は、連日のようにベトナムに向けて米軍の爆撃機が飛び立っている沖縄が日本に返還されれば、日本もまた集団的自衛権を行使している状態に入り、ベトナム戦争の当事者になる恐れがあると指摘していた[95]。

沖縄返還は達成したいが、ベトナム戦争の当事者にはなりたくない。そう考えた佐藤政権と、1972年に成立した田中角栄政権が推進したウルトラCの方策が、「憲法が行使を禁じているので、行使しているように見えても、日本は集団的自衛権を行使していない」という狡猾な言い訳であった。

喜三郎は戦前から「国家に固有の先天的」な「国家の基本的権利」を否定していた。国際法においては「一般国際法」といえども、結局は慣習法の集積に過ぎない。その内容は、国連憲章のような新しい包括的条約によって上書きをされる。一般国際法というのは、自然法的な国家の自然権が表現するようなものではなく、「自然権」を求めるのは「国内的類推」の陥穽である。

91 篠田英朗「政治家は学者を無視する：山尾議員の『立憲的改憲』を読んでみた」（2018年10月7日）〈http://agora-web.jp/archives/2035078.html〉。

92 第34回国会参議院予算委員会会議録第23号（1960年3月31日）、27頁。

93 第34回国会参議院予算委員会会議録第23号（1960年3月31日）、24頁。

94 第34回国会衆議院内閣委員会会議録第41号（1960年5月16日）、2頁。

95 高野雄一『高野雄一論文集2 集団安保と自衛権』（1999年、東信堂）、特に第6章「日米安保条約と国際連合憲章との関係」（原題「国際連合憲章との関係」『国際法外交雑誌』第五九巻一・二合併号、1960年）。

72年見解の「日本は集団的自衛権を保持しているが、実は行使できない」という奇妙な主張は、いわば政治的目標を達成するための詭弁であった。集団的自衛権は違憲なので行使しない、というよりも、たとえ行使しているように見えても違憲なのだから行使していない、と言い繕うための手立てだったのだ。

集団的自衛権違憲論は、72年の当時から、政治的配慮によって生まれた便宜的な議論でしかなかった。

ただし2015年の集団的自衛権違憲論のほうは、既得権益を脅かされた社会的集団が既得権益の死守を図った、という点で、また異なる次元で、しかしやはり政治的配慮によって、生まれたものであった。

8．本当の「砂川判決」

2015年に安保法制が話題になったとき、注目を集めた最高裁判決の判例があった。1959年のいわゆる「砂川事件」の最高裁判決である。

憲法学者らが流布している物語によると、「砂川判決」は、集団的自衛権とは関係がないのだという。判決はアメリカからの圧力によって不当になされたものなのだと言う論者さえいる。

こうした見解を反映して、当時の原告たちが再審を請求した。しかしその特別抗告は、2018年7月18日、最高裁によって棄却された。棄却の理由は、特別抗告の理由付けが弱いというものだった。

砂川事件の1959年最高裁判決は、歴史的に論争を呼んできた。しかもそれは、2015年の安保法制の際に、いっそう政治運動的な視点で見られるようになってしまった。

安保法制を推進した自民党の高村正彦副総裁（当時）が、砂川判決は集団的自衛権を認めている、という趣旨の発言をしたことに、有力な憲法学者が一斉に反発したのだった。

たとえばある憲法学者は、「高村には、もとより、自説が天に唾することになるとの意識はなさそう」だが、それは「事案に即した判決の理解でないことは明白」だと主張した。そして砂川判決は、あくまでも「『固有の自衛権』たる個別的自衛権の存在を確認した」だけのものだ、と主張した。[96]

安保法制懇の国際政治学者らを、「戦前の軍部の発想に限りなく接近」した「背広を着た関東軍だ」と呼び、毎度お馴染みの「いつか来た道」レトリックで糾弾する運動を展開した血気盛んな憲法学者は、集団的自衛権のみならず、個別的自衛権の合憲性もまた、砂川判決からは読み取れないと信じている。[97]

よく見てみると、実は、憲法学者たちは、砂川判決が個別的自衛権を認めたのかどうかについて、一致した意見を持っていない。憲法学者の砂川判決理解は、バラバラなのであり、一致しているのは、党派的な政治運動の部分でしかない。

だが本来は、砂川事件最高裁判決は、そのようなイデオロギー闘争の中で使い捨てにされるべきものではない。

公開された米国の外交文書の中で、当時の駐日米国大使が田中耕太郎最高裁長官と接触していたことがわかった。最高裁長官と米国大使は、特別な慎重さをもって砂川事件についてふれるべきだ、という見方は、正しいだろう。他方、米国大使は、三権の長である最高裁長官が外交儀礼上の交友を求められる相手方であり、適度な範囲の接触まで問題視されるべきだということはない。

メディアの中には、「当時の田中耕太郎・最高裁長官が、米国側に裁判の見通しなどを伝えたとする米公文書が2008年以降に相次ぎ見つかった」といった表現を使うものもあるが、あたかも田中が判決内容を事前に米国に告知したかのような印象を与えかねない点で、正確を期したものだとは言えない。

2008年に、ジャーナリストの新原昭治氏が、国立公文書館で、砂川事件について

96　高見勝利「砂川事件最高裁判決、田中補足意見、『必要最小限度』の行使」奥平康弘・山口二郎（編）『集団的自衛権の何が問題か――解釈改憲批判』（岩波書店、2014年）、162、177頁。

97　水島朝穂「集団的自衛権行使が憲法上認められない理由――『背広を着た関東軍』安保法制懇の思考」同上、125、151頁。

関係のある当時の駐日米国大使からの公電文書などを発見した。さらにジャーナリストの末浪靖司氏や布川玲子・元山梨学院大学教授らによって、研究が進んだ。その成果は、非常に貴重であり、興味深い内容を含んでいる[98]。

だが、それでも、田中長官が、裁判内容について米国大使に相談した、と言えるわけではない。田中長官は、1959年8月初め頃に、「共通の友人宅」における在日米国大使館の首席公使との会話で、砂川事件の判決は12月になるだろうと語った。そして世論を揺り動かすような少数意見が出ないような形にしたいとも語った。また11月初めにも米国大使館員と田中長官が「短時間の非公式会話」を持ち、そこで田中長官が判決は新年初めまでには出るだろうが、確証はできないと語った。また田中長官は、裁判官たちが共通の土台にもとづいて判決を出すにあたり、手続き的 (procedural)、法的 (legal)、憲法的 (constitutional) 問題の調整が必要になるようなことを示唆したとされた。

興味深い内容ではある。しかし、これだけをもって、田中長官が恐るべき行動をとっていた、とまで脚色して語るのは、やりすぎだ。「共通の友人宅」が、秘密結社の陰謀の集会を示唆しているなどと考える根拠はなく、むしろ単なる欧米式のホームパーティーのようなものであっただろうと考えるほうが、自然だ（田中長官はカトリック信者であった）。「短時間の非公式会話」も、米国大使館員がどこかで田中長官に遭遇したときに（あるいは積極的に遭遇を試みたときに）、田中長官に対して最大限の「取材」をした、という程度のニュアンスしか感じさせない表現だ。米国大使館員が田中長官の動向に関心を持っていたのは確かだとして、また外交儀礼も果たさなければならない田中長官が米国大使館員と会話をしたのは確かだとして、だからといってそれだけでアメリカの「指示と誘導を受けながら」「積極的におもねって」「司法破壊」を起こした「日本は独立国ではなく」、「奴隷の楽園」だ、などと騒ぎ立てるのは、やり過ぎだろう。[99]

非常によくないのは、米国の公電文書で「I gather」などという表現で、駐日米国大

98　布川玲子・新原昭治『砂川事件と田中最高裁長官――米解禁文書が明らかにした日本の司法』（日本評論社、2013年）、吉田敏浩・新原昭治・末浪靖司『検証・法治国家崩壊――砂川裁判と日米密約交渉』（創元社、2014年）など。

99　矢部宏治『知ってはいけない――隠された日本支配の構造』（講談社、2017年）、145頁、白井聡『国体論――菊と星条旗』（集英社、2018年）、156-158、296-297頁。

使が「推測」を付け加えている部分を、砂川判決に批判的な運動家が、あたかも田中長官が実際に語ったに違いないことだと根拠なく断定してしまうことだ。[100]

また、砂川事件は、世間で広く「統治行為論」を採用して、判断を回避した判決だとみなされている。憲法学において「統治行為論」は、「直接国家統治の基本に関する高度に政治性のある国家行為」としての「統治行為」は、「司法審査の対象から除外される」べきだ、という考え方を指すとされている。[101]

それでは「砂川判決」は、本当に世間で広く信じられているように、「統治行為論」を採用して、判断を回避した判決だったのか。憲法学者たちは、その点について、煮え切らない表現を使う。

芦部『憲法』は、砂川事件は、「統治行為論」の判決としては「すっきりしない立場」などと描写する。[102] 芦部にとって砂川判決は、実は「統治行為論に類する考え方」といった程度のものでしかなかった。[103]

芦部の弟子にあたり、現在の憲法学界の最高峰に君臨する長谷部恭男・元東京大学法学部教授は、「砂川事件判決で示された議論は、統治行為論としては異形である」とする。[104] 長谷部教授の弟子にあたる木村草太・首都大学東京教授も、砂川判決は「統治行為論」を採用したものではない、と述べる。[105]

砂川判決において最高裁は、「一見して極めて明白に違憲無効である」と認められる場合には、司法審査が行われることを明言した。砂川判決が述べたような条約の違法審査には特別の配慮が求められるという考え方自体は、三権分立や民主的統治の観点から、それほど驚くべきものではない。だがそれは、「統治行為論」とは全く別の考え方によるものだ。[106]

100 篠田英朗「日本の憲法学者が分析したがらない『砂川事件の3つの神話』を検証」『現代ビジネス』（2018年8月1日）〈https://gendai.ismedia.jp/articles/-/56703〉。

101 芦部『憲法』、353-354頁。

102 同上、354頁。

103 芦部信喜「違憲審査権の限界――統治行為論を中心として」『ジュリスト』No.39、1973年、30頁。

104 長谷部恭男「砂川事件判決における『統治行為』論」『法律時報』87巻5号、2015年5月、46頁。

105 木村草太『自衛隊と憲法――これからの改憲論議のために』（晶文社、2018年）、86頁。

コラム　砂川判決

砂川判決とは、米軍立川飛行場の拡張を巡って起こった一連の闘争（砂川闘争）に対する判決を言う。一審では、「日本政府が米軍の基地を許容しているのは、『戦力の不保持』を定めた憲法9条違反である」として、米軍基地への侵入の罪に問われたデモ隊などに無罪が言い渡されたが（伊達判決）、最高裁では1959年に有罪判決が下された。最高裁が、日米安全保障条約の合憲性を認めた判決であった。

最近になって砂川判決が注目されたのは、安保法制審議をリードした自民党の高村正彦副総裁（当時）が、「国際連合憲章がすべての国が個別的および集団的自衛の固有の権利を有することを承認している」ことを強調した砂川判決を引用し、集団的自衛権行使の合法性の根拠として挙げたためである。

本文中に記した通り、砂川判決への評価について、憲法学者たちの意見は一枚岩ではない。判決時点（1959年）で問題になったのは、駐日米軍は憲法が禁止する「戦力」に該当するかどうかであった。自衛権を個別的と集団的にわけて解釈する議論は当時、ほとんどなかった。「集団的自衛権の行使容認は違憲」とする政府見解が出たのは1972年なので、それより13年も前の砂川判決で、集団的自衛権に関して特段の議論がなかったのは不思議ではない（1972年内閣法制局見解については、第7章のコラムを参照）。

結局、砂川判決＝「統治行為論」は、日米安保条約を違憲と信じる勢力が作り出した「物語」のようなものであろう。本来、統治行為論ではないものは、統治行為論ではなく、「すっきりしない」とか「異形」だとかと描写して、統治行為論であるかのような印象を残そうと画策するのも、印象操作のようで、混乱を招く態度だ。

憲法学者の方々は、砂川判決が統治行為論によるものではないと十分に知りながら、しかし日米安保条約に反対する政治勢力にイデオロギー的におもねるために、あえて曖昧な言葉遣いに終始しているのではないか。そう疑われても仕方がないだろう。

砂川判決と集団的自衛権の関係について見てみよう。憲法学者は、砂川判決は、集団的自衛権を認めていない、という点で、大同団結する。すでに見たように、砂川判決は個別的自衛権しか認めていないという憲法学者と、個別的自衛権も認めていないという憲法学者が混在しているのだが、大同団結している。

しかし、拙著『集団的自衛権の思想史』で示したように、1960年代末まで、集団

106　篠田英朗「国際法と国内法の連動性から見た砂川事件最高裁判決」『法律時報』87巻5号、2015年5月、32-37頁。

的自衛権が違憲だという議論はほとんど存在していなかったし、政府も採用していなかった。したがって砂川判決が、集団的自衛権だけを取り上げて論じていないことは、不思議なことではない。1972年より前の1959年の砂川判決が、積極的に集団的自衛権の合憲性を論じていないのは、全く不思議なことではないのである。当時は、集団的自衛権は違憲だ、という議論がなかったので、積極的に合憲性を論じる必要もなかったのだから。

日本は1951年サンフランシスコ講和条約締結と同日に日米安全保障条約を締結し、主権国家としての地位を回復した。サンフランシスコ講和条約は、日本国が「個別的又は集団的自衛の固有の権利を有すること及び日本国が集団的安全保障取極を自発的に締結することができることを承認」した。日米安全保障条約は、次のように謳うものであった。

平和条約は、日本国が主権国として集団的安全保障取極を締結する権利を有することを承認し、さらに、国際連合憲章は、すべての国が個別的及び集団的自衛の固有の権利を有することを承認している。

これらの権利の行使として、日本国は、その防衛のための暫定措置として、日本国に対する武力攻撃を阻止するため日本国内及びその附近にアメリカ合衆国がその軍隊を維持することを希望する。

この文言を素直に読めば、米軍の駐留は、つまり日米安全保障条約それ自体が、「個別的及び集団的自衛の固有の権利」にもとづいて「日本国が主権国として集団的安全保障取極を締結する権利」によって成立しているものである、と言わざるを得なくなるはずだ。実際に、当時の条約交渉担当者の手記などから、条約がそのような認識で締結されたことは確認できる。[107]

当時の日本は国連に加盟していなかったため、サンフランシスコ講和条約を媒介とし

107 西村熊雄『安全保障条約論』(初版は1960年)『サンフランシスコ平和条約・日米安保条約』(中央公論新社、1999年)所収。

て日本が国連憲章51条の自衛権を享受する立場に立った、という論理構成になっている。ちなみに日本は1952年6月に国会承認をへて国連に加盟申請を行っているが、ソ連の拒否権発動で、認められなかった。しかし、この状態も、砂川判決の前の1956年の日本の正式な国連加盟によって解消している。

なお日本が加盟申請にあたって明記した「日本のディスポーザルにある一切の手段を持って（by all means at its disposal）、その義務を履行する」という文言を拡大解釈する見方もあるが、俗説だ。日本が持つ実力の範囲内で国連に貢献するというのは、特に問題がある考え方ではなく、国連憲章に明記された権利を否認する意図のある文章だなどと読むことはできない。

よく濫用される俗説で、条約に対する「憲法優位説」を振りかざして国連憲章を否定しようとする人も少なくない。仮に「憲法優位説」が正しいとしても、国際法の規定が自動的に無効化されるわけではない。日本国憲法98条2項にしたがって、「日本国が締結した条約及び確立された国際法規は、これを誠実に遵守することを必要とする」という憲法上の義務を、「憲法優位説」で否定することはできない。

要するに、砂川判決が、あえて集団的自衛権は合憲だという説明をしなかったのは、憲法98条2項にしたがって遵守義務がある国連憲章51条の自衛権規定を否認したり、留保したりする意図がなかったからである、と考えるのが、自然だ。

砂川判決は、次のように述べていた。

「(日米) 安全保障条約の目的とするところは、その前文によれば、平和条約の発効時において、わが国固有の自衛権を行使する有効な手段を持たない実状に鑑み、無責任な軍国主義の危険に対処する必要上、平和条約がわが国に主権国として集団的安全保障取極を締結する権利を有することを承認し、さらに、国際連合憲章がすべての国が個別的および集団的自衛の固有の権利を有することを承認しているのに基き、わが国の防衛のための暫定措置として、武力攻撃を阻止するため、わが国はアメリカ合衆国がわが国内およびその附近にその軍隊を配備する権利を許容する等、わが国の安全と防衛を確保するに必要な事項を定めるにあることは明瞭である」

この判決文を素直に読めば、「国際連合憲章がすべての国が個別的および集団的自衛の固有の権利を有することを承認し」ていることに基づいて、その権利行使として、日米安全保障条約を日本が締結したことを、最高裁が認めたことは、明らかだ。「わが国の安全と防衛を確保するに必要な事項」として「個別的および集団的自衛の固有の権利」にもとづき、「集団的安全保障取極」を締結した。それが日米安全保障条約である。日米安保条約が持つ論理構成を、最高裁は完全に承認している。

当時、検討の対象としていたのは、自衛権の有無よりも、その行使手段である自衛隊は憲法が禁じる「戦力」に該当していないかどうか、であった。そして砂川事件では、駐日米軍は憲法が禁じる「戦力」に該当していないかどうかが争われた。

「個別的自衛権」と「集団的自衛権」を切り分けて、前者は「固有の権利」だが、後者はそうではない、とか、「戦力なき自衛権」だけが「固有の自衛権」だとか、そういったことを最高裁が述べたという形跡は、どこにもない。

どこにもないなら、集団的自衛権を肯定することもしていないのではないか、と憲法学者の方は言うのだろうが、国連憲章を肯定し、日米安保条約を肯定した後で、なお集団的自衛権は肯定していない、という議論があり得るとは、1950年代には想像されていないのである。

「個別的自衛権は肯定しますが、集団的自衛権は肯定していません、わかりますか？

仮に集団安全保障を肯定しても、集団的自衛権は肯定しないことは、わかりますか？」と1950年代の人間に聞いても、「そんなことはわかりません」と感じるのが、当時の人々の発想なのだ。

先に成立した国連憲章の仕組みから素直に憲法を理解すれば、砂川判決のロジックは、むしろ単純明快だ。[108] 砂川事件判決は、つまり日米安全保障条約締結時の論理構成の承認であり、その論理構成には集団的自衛権の行使が内在していた。

なお日本の憲法学者は、「わが国の防衛」という言葉が目的として言及されていると、何でも個別的自衛権になるといった主張をするのかもしれない。そしてそれによって砂川判決に内在していた論理を否定するのかもしれない。しかし「わが国の防衛」が主要な目的であることは、集団的自衛権の行使の否定にはならない。自国の防衛への効果を意図して、集団的自衛権を行使するのは、むしろ当然である。集団的自衛権とは、まさに「集団」の認識によって成立するものであり、「わが国の防衛」を否定する純粋無垢な自己滅私的な他国への奉仕の精神によって成立するものではない。

108　篠田「国際法と国内法の連動性から見た砂川事件最高裁判決」参照。

憲法学者の方々は、「1972年内閣法制局見解」を世界と歴史の中心に置いて、錯綜的に、1959年砂川判決を見るので、ねじれてしまう。「1972年内閣法制局見解」を守ることが立憲主義を守ることだ、などという政治的な法律論を振り回すので、1959年砂川判決が1972年内閣法制局見解を否定する議論を提示していないということを理由にして、1959年砂川判決を1972年内閣法制局見解に沿ったものだと考える、という倒錯した主張を繰り返してしまう。

憲法学者の「隊長」だといわれる長谷部恭男教授は、次のように述べる。[109]

「あらゆる人がそれぞれに解釈しているだけでは、9条は国家権力を制約する役割――立憲主義の最低限の意味内容である――を果たすことができない。テクストに代わって国家を制約するには、権威ある解釈が確立されなければならない。個別的自衛権のみが憲法9条の下で認められるという内閣法制局の有権解釈（authoritative interpretation）は、最高裁がこの分野での解釈権限行使を控える中で、国会を含めた政府諸機関の権限を調整し、制約する役割を長年にわたって安定的に果たしてきた。この種の有権解釈は、最高裁の憲法解釈と同様、憲法典のテクストと並んで『機能する憲法』としての役割を果たす。そして、現に機能する憲法を十分な理由もなく政府自身が変更することは、認められるべきではない。それは最小限の意味での立憲主義の破壊である」[110]

しかし、私は、このような漠然とした評論だけで、1972年内閣法制局見解を金科玉条にして、1959年砂川判決を評価することが正当化されるとは思わない。まして内閣法制局長官が一橋卒・外務省出身の国際法専門家になると、「クーデター」だということになり、それ以降の内閣法制局見解も全て無効になる、といった複雑怪奇な「立憲主義」が正当化されるとも思わない。

田中長官は、自然法主義者であり、反共主義者であった。したがって今日の「対米従属」を糾弾する者たちが、砂川判決を強く敵対視するのは、理由のないことではない。

長谷部恭男教授は、統治行為論を採用したからではなく、「自由で民主的な政治秩序と平和主義が衝突するとき、前者が優越すべきだ」という判断をくだしたものとして、砂川判決を性格づける。そのうえで、砂川判決を問題視し、「アメリカについて行けば大丈夫、であるはずがない」というメッセージで、砂川判決に対する評価を結ぶ[111]。

109 長谷部恭男・杉田敦『これが憲法だ！』（朝日新書、2006年）、4頁
110 長谷部恭男（編）『論究憲法——憲法の過去から未来へ』（有斐閣、2017年）、451頁。

結局は、これなのだろう。憲法学者の方々にとって、結局、砂川判決の問題とは、親米主義・反米主義の問題でしかないのだ。

砂川判決は、これからも憲法学者の方々を中心にした政治闘争の中心的な道具であり続けるだろう。政策論争は、もちろん必要だ。憲法学者の方々が参加してはいけないことはない。しかし政策論争なら、政策論争として行うべきだ。「(憲法学者を中心にした)法律家共同体」に全て任せなければ、「クーデターだ」と主張しながら、実態としては「法律家共同体」の方々は単に政治漫談をしているだけだとしたら、どうだろうか。それは、非常に深刻な事態ではないだろうか。

砂川判決は、イデオロギー的立場を見定めるためのリトマス試験紙のようになってしまっている。残念なことだ。

---

111 長谷部恭男『憲法の論理』(有斐閣、2017年)、210-214頁。

9．本当の「芦田修正」

「芦田修正」糾弾が、憲法学通説による陰謀である疑いが強いことについては、すでにふれた。しかし重要な論点なので、あらためてふれておこう。「芦田修正」とは、憲法改正小委員会の委員長であった芦田均の名前をとって呼ばれている憲法9条2項冒頭の文言の追加の措置のことを指す。9条2項の冒頭の「前項の目的を達するため」という文言は、芦田が後に虚偽の主張をしたという物語で、憲法学で知られている。

すでに述べたように、芦田は、憲法9条を国際法に沿った理解で解釈していた。その解釈を明確にするために、「芦田修正」を行った。しかしそれは、芦田が、本来存在していない意味を、単なる冒頭の語句の追加だけで付与しようとした、という憲法学通説の糾弾が正しいことを意味しない。「芦田修正」は、本来の9条の意味を明確化するためにとられた措置であり、存在していなかった意味を捏造《ねつぞう》するためにとられた措置ではない。

すでに指摘したように、1950年代末になって突然、芦田が「芦田修正」による自衛権の留保を唱え始めた、という憲法学で流通している理解は、間違いである。なぜなら1946年の憲法制定時から、芦田は、国際法に沿った9条の理解を示していたからである。

「芦田修正」とは、憲法9条の意味を変えるためのものではなかった。芦田は、憲法9条の意味をよりいっそう明確にするために、冒頭に前文とのつながりが明晰になり、国際法を遵守する憲法の意図がはっきりする語句を挿入した。「芦田修正」とは、当初から、9条が国際法規範に沿って制定されたこと、「前文」の国際主義の精神を受けて定められたことを、よりいっそう明晰化するために行った措置だった。

しかし憲法学者は事実を拒絶し、「憲法審議の際に、芦田は、芦田修正によって憲法9条の内容が変わると説明しなかった」などという主張をする。芦田に対する、不当な糾弾である。

芦田が「芦田修正」によって憲法9条の意味が変わると国会での審議中に言わなかったのは、「芦田修正」が9条の意味を変えるものではなく、むしろその内容を明確化するためのものだと考えていたからだろう。

実は現在の憲法学通説でさらに深刻なのは、すっかり「芦田修正」説がレッテル貼りとして定着してしまったので、やっつけたい相手を見ると、片っ端から「お前の言っていることは芦田修正説だ！」と言い始める悪習があることである。さらには自分の主張を正当化するために、「芦田修正」説のレッテルを利用しようとしたりすることである。近年では、「芦田修正」説は、単なる便利な他者否定のレッテルとしてだけ流通し、ほとんど中身を失っているように見える場合も多々ある。

たとえば木村草太・首都大学東京教授は、次のように言う。「芦田修正説を前提にすると、日本国憲法は、侵略戦争にあたらない限り、軍隊による軍事活動を行う権限を規定しているはずです」。そして「軍事活動」は、立法でも司法でもなく、内閣の権限を定めた憲法73条にも該当がないので、「もし芦田修正説を採り、日本は軍隊を持って良いと解釈すると、軍隊を憲法でコントロールすることが全くできないことになってしまいます」と述べる。憲法には「シビリアンコントロールの規定すらありません[112]」。

112　木村草太『自衛隊と憲法——これからの改憲論議のために』（晶文社、2018年）、45、50、51頁。
113　芦部信喜『憲法学Ⅰ——憲法総論』（有斐閣、1992年）、260-261頁。

非常に操作的な議論だと言わざるを得ない。軍隊の活動も、執行のための通常法を制定して、憲法73条1号の「法律を誠実に執行し、国務を総理する」に該当するものとして遂行すれば済むはずだ。自衛隊法がそれであるなら、現状ですでに軍事活動は73条で保障されている。仮に自衛隊法は軍隊に関する法律ではないと主張するとしても、要するに通常法で軍隊に関する新しい法律を作ればいいだけのことだ。

憲法改正特別委員会（芦田委員会）が9条の文言に追加を行ったのを知った連合国の極東委員会は、憲法66条2項「内閣総理大臣その他の国務大臣は、文民でなければならない」という規定の挿入を求めた。将来の軍隊の創設を察知して、最低限の文民統制の仕組みを憲法に入れ込んだ、と解される条項だ。「文民」とは軍人以外の者のことを指すので、軍人が不在の社会では「文民」規定は意味をなさない。

これについて芦部信喜などの場合、「自衛隊の憲法適合性に疑いがあるという立場をとりつつ、文民を『職業軍人の経歴を有しない者および現在軍人（自衛官）でない者』と解することは許されないわけではない」などという驚くべき解釈を施す。[113]「許されないわけではない」というが、芦部が自分自身にそのような解釈を許しているだけで、全く法律論になっていない。退役軍人をなお軍人と解するということだけでも日本の憲法学だけで可能なガラパゴス的な主張だ。それに加えて、憲法が違憲の軍隊が作られることを予定しており、それを先取りして軍人＝自衛官という違憲な存在が国務大臣になることを禁じた、などという解釈は、およそ真面目な議論と思うことができない。単なるイデオロギー的な強弁である。

実際には、今の日本でも、たとえば自衛隊の日報問題のような事件で、「シビリアンコントロール」のあり方が問われている。木村教授は、「自衛隊の日報問題を論じる際にシビリアンコントロールが論点になっているなどというのは間違いだ」ときちんと主張したのだろうか。

「芦田修正」説は、憲法学者では、「京都学派」の佐々木惣一・元京都大学教授（滝川事件の際に辞職）や大石義雄・元京都大学教授が、採用していたとされる。確かに、佐々木や大石の著作を見ると、「前項の目的を達するために」という文言に着目したうえで、保持しない戦力は侵略のための戦力だけだ、とする議論が見られる。[114]

114　佐々木惣一「自衛戦争能力の問題と憲法改正論」、『中央公論』67巻7号、1952年。

115　佐藤幸治『日本国憲法論』（成文堂、2011年）、97頁。

しかし佐々木や大石の見解を、強引に「国際紛争を解決する手段」に「だけ」引き寄せた陰謀論的な読み方の産物だとして否定するのは、アンフェアだ。そもそも佐々木や大石は、自分たちは「芦田修正説」論者だ、などと言っていなかった。佐々木・大石説とは、つまり9条1項の内容と整合するように2項を解釈するという立場だったのである。つまり侵略戦争を目的にしない戦力は保持できるという佐々木や大石の見解は、自衛権行使のための必要最低限の実力だけは保持できるという政府見解と、大きな違いはない。

佐藤幸治・京都大学名誉教授は言う。「9条1項は自衛戦争を含めすべての『戦争』を放棄し、したがってそのような『戦争』を遂行するための手段すなわち『戦力』をもたないことを明らかにしたのが2項前段である。ただ、憲法は国家固有の自衛権は当然のこととして否認したわけではなく、それは通常理解されているように『武力』の行使を含むものであり、ひいては国家がそのための備えをすることを否認するものとは解されない」[115]。

むしろ疑問なのは、宮沢俊義や芦部信喜ら東大法学部系の憲法学者が採用していた、「全ての戦力が否定されているので自衛隊は違憲だ」という伝統的な通説を、今、憲法学通説を陣取ろうとする主流派が、きちんと清算しているのか、ということだ。長谷部教授の例にならって、木村草太教授らは、伝統的な憲法学通説とは違う立場をとり、自衛隊合憲の見解を採用している。それなのに、なぜ、師匠の伝統には一切ふれず、しかし延々と依然として芦田修正説のレッテル貼りによる他者否定だけは踏襲し続けるのか。

冷戦が終わってしばらくして、21世紀になるころ、1995年に東大法学部教授になっていた長谷部恭男氏が、伝統を慎重に見直す動きを始めた。そしていまや憲法学界の頂点に君臨する長谷部教授は、自衛隊合憲論は、「良識」の問題だ、と主張するようにまでなっている。[116]

21世紀の初めに東大法学部を卒業した年次の木村教授は、長谷部教授が一世を風靡した後の第一世代といった位置づけだろう。しかし、そうだとしたら、長谷部／木村教授は、なぜ宮沢俊義、小林直樹、芦部信喜、樋口陽一、さらには清宮四郎や佐藤功や鵜飼信成を入れてもいい、歴代の東大系の憲法学者たちが、「良識」を欠いていたことを、まず批判しないのか。なぜ代々の東大法学部の憲法学者には、「良識」というものがな

116　長谷部恭男『憲法の良識――「国のかたち」を壊さない仕組み』（朝日新書、2018年）、35頁。

かった、と宣言しないのか。

かつて憲法学者らは、自衛隊どころか、自衛戦争と呼んで自衛権行使まで否定していたのではなかったか。彼らは、そのような徹底した立場から、否定したい相手の見解を「芦田修正説」と呼んで蔑視していたのだ。長谷部／木村教授の修正説を採用する者は、「芦田修正説」を蔑視する前に、宮沢俊義、小林直樹、芦部信喜、樋口陽一ら歴代の東京大学法学部憲法学担当教授たちを、きちんと批判するべきだ。そうでなければ、狡猾な学界ポリティクスをしているにすぎないと言われても仕方がないだろう。

早い時代からほぼ同じ結論を先取りしていた京都大学の教授陣の不名誉を顧みず、いまだに延々と「芦田修正説」なるレッテルについて、語っているのは、控え目に言って一貫性がない。率直に言えば、狡猾すぎる。中身を変えてしまった後でも、師匠の敵対者を否定するためだけに延々と空虚なレッテルを使い続けるのは、知的に誠実な態度と言えるだろうか。

せめてまず、長谷部／木村説をとる者は、長谷部教授の理論にしたがって、「宮沢俊義、小林直樹、芦部信喜、樋口陽一らは、良識を欠いた人物であった。良識ある法解釈を行う者が憲法学者であるという私の憲法学者の定義に反しているので、彼らは似非憲法学者であった」と宣言するべきだ。

木村教授は、72年内閣法制局見解にならって、憲法9条によって全ての戦力が否定されるのが本来だが、憲法13条の幸福追求権によって、個別的自衛権に関することだけは合憲になるのだ、と説明する。だが、結論を見れば、それは伝統的な憲法学通説よりも、むしろ佐々木・大石説に近づいている。

「芦田修正説」のレッテル貼りが間が抜けて見えるのは、結論を見ると相手方に近づいていることを誤魔化すために、「芦田修正説」なる言い方を利用して、伝統的な憲法学者への忠誠心の表明だけは維持しようとしている点だ。

繰り返そう。かつて憲法学通説は、自衛隊違憲論をもっており、同調しない人々の意見を「芦田修正説」として批判していた。現在、「長谷部恭男／木村草太修正説」は、かつての憲法学通説を骨抜きにして、自衛隊は合憲、自衛権も個別的自衛権だけは合憲、という修正した立場をとっている。

結論を見れば、長谷部教授や木村教授が、憲法学通説を修正して、京都学派の立場に近づいたのである。ところで長谷部／木村説では、自衛隊合憲説は、「良識ある法解釈」を行う者と定義される憲法学者の結論である。したがって歴代の東大法学部憲法学者の面々には「良識がなかった」という推論こそが不可避である。

だが、そこはお茶を濁すために、「芦田修正説」の批判、といった都合のいいレッテル貼りの表現だけを残存させて、東大法学部系の憲法学者の相互批判の事態を避けている。

憲法学界ポリティクスに関わりを持たない者は、「芦田修正説」なる意味のないレッテル貼りに惑わされないことが肝要だ。中身のない軽蔑ゲームの繰り返し以上のものを何も生み出さない。

いずれにせよ、少なくとも最も曖昧で混乱しているのが「長谷部／木村修正説」である点には、特に注意を払っておく必要がある。

長谷部教授らの修正主義に直面して、伝統的な憲法学通説を標榜していた憲法学者はどうしているのだろうか。きちんと議論を戦わせているのだろうか。

現在、「アベ政治を許すな」、あるいは「日本をアメリカの属国にするな」で大同団結する憲法学者たちは、表立って学術的な議論を展開させることを控えている。伝統派からの修正派に対する不満は、暗示的な言い方でのみ、表明されているだけである。

2019年3月に公刊された芦部信喜『憲法』第七版に付された高橋和之教授の「は

しがき」は、話題を呼んだ。補訂の責任を持つ高橋教授が、興味深い悩みを告白したからである。芦部が１９９５年の講演において、９条を「法的拘束力のある規範」ではなく「政治的マニフェスト」とみなして現実との整合性を保つことを検討していたということを最近になって知り、悩んだ、と高橋教授は告白した。

高橋教授は、芦部の揺らぎについて、「平和主義の理念を将来にわたって内外に発信していくためには、九条を改正するより条文として残した方がよいという苦渋の選択があったもの」と、推測する。

昨今の憲法改正論の動きにより、９条が改正されてしまう可能性が高まった。そこで高橋教授は、晩年の芦部とともに、改正されてしまうくらいなら、「政治的マニフェスト」だと言い繕うなどして、９条を残す運動をした方がいいのではないか、と悩んでいるわけである。

高橋教授によれば、「九条問題は、自衛隊創設以来、日本における立憲主義の最大のアキレス腱」であった。そして高橋教授は述べる。「芦部先生の世代の憲法学は、圧倒的多数が自衛隊違憲論を唱えていた。しかし、自衛隊合憲論を支持する勢力の政権が常態化する中で、世論も次第に既成事実を受け入れるようになり、今では七割以上の国民が自衛隊の存在を支持すると答えるようになってきている。こうした現実を前にして、憲法学は、九条をめぐる安保法制等政府の様々な政策の憲法的統制としては、自衛隊の憲法適合性問題を棚上げし、政府の九条解釈との整合性を問うことしかできなくなっていた。……立憲主義を護れという呼びかけは、したがって、憲法と現実の乖離を説明し指針を与える理論なくしては、虚ろにしか響かないだろう。その理論を求めて、憲法学は苦悩してきた。芦部先生もその苦悩を生きられていたのである[117]」

率直に言う。「九条を改正するより条文として残した方がよいという苦渋の選択」は、およそ法学者の悩みとは思えない悩みだ。

これは、ある特定の政治的信条を信奉し、その政治信条にとって憲法9条は単なる道具でしかないことを自明の前提としたうえで、その政治信条をよりよく発展させるためには、道具としての憲法9条をどういうふうに演出していけばいいのか悩む、そういう悩みでしかない。

日本の憲法学者の政治イデオロギー性が、率直に吐露される土壌が日本社会にあることに、あらためて驚く。こうした政治イデオロギー丸出しの憲法学者たちによって、日本国憲法の解釈史は、70年以上にわたって、捻じ曲げられてきた。

高橋教授がさらに憲法学界内の事情として悩んでいるのは、長谷部教授らによって推進されている「個別的自衛権は合憲・集団的自衛権は違憲」を「憲法学通説」にする運動の存在だろう。

安保法制をめぐる動きにおいて、「憲法学者」が特定の政権を否定する社会集団として立ち現れてきたとき、便宜的に、伝統的な憲法学通説の自衛隊違憲論は、封印された。自衛隊が違憲だと主張していた者たちも、「個別的自衛権は合憲だとしても、集団的自衛権は違憲だ」という言い方の下に大同団結するために、学術的な議論をすることを封印した。

安保法制をめぐる喧噪は、結果として、長谷部教授らが唱える「個別的自衛権は合憲、

117　高橋和之「はしがき」芦部『憲法』（第七版）、Ⅴ-Ⅵ頁。なお長谷部教授は、「高橋憲法学」を批判し、「法律家共同体に自説を尊重してもらいたいんだったら、彼らの共通理解もそれ相応に尊重したほうがいい」と述べ、「おいしい料理」を作るには、注意深さとバランス感覚が必要だと結ぶ。長谷部恭男「おいしい中華粥の作り方について」長谷部恭男『続・Interactive 憲法』（有斐閣、2011年）、251頁。

集団的自衛権は違憲」とする「修正主義的な憲法学通説」に勢いを与える事件となった。しかし、それも全て、政治の話である。安倍政権に対する政治の話だし、憲法学界内部の政治の話である。

それにしても高柳賢三の「政治的マニフェスト」論もいい迷惑ではないか。「芦田修正説」と同様に、長きにわたり、高柳は、憲法学者たちから忌み嫌われ、軽蔑さえされてきた。それを今になって、「そちらの方が便利かもしれないので検討してやってもいい」と言われるのは、甚だ心外なことだろう。

「政治的マニフェスト」論とは、1950年代から60年代前半に活動した内閣憲法調査会の会長であった高柳賢三が唱えたものとして知られる。高柳は、条文の語句解釈に拘泥する憲法学を批判し、9条は平和主義の政治理念を唱えるものとして受け止めておくべきものだと主張した。

高柳は、「押しつけ憲法論」に依拠した改憲論に対して、「日米合作」論で対抗したことでも知られる。つまりアメリカ人と日本人が協力して憲法起草にあたったが、憲法典制定手続きに瑕疵はない、という立場をとった。結果的に、「押しつけ憲法」を拒絶する右派から憎まれ、「八月革命」説を唱える憲法学者からの支持も得られなかった。高柳は、憲法調査会をまとめ上げた功績を残しつつ、右派からも左派からも軽視される存在になった、悲劇の人物だ[118]。

その高柳にとって、憲法9条が何だったのかは、もちろん大きな問題であった。果たしてそれはアメリカが日本を永遠に無力化させるために押し付けた条項だったのか。広範にGHQ関係者にも聞き取り調査を行ったうえで、英米法の専門家であった高柳は、そんなはずはない、と考えた。本書で確認しているように、憲法を起草したアメリカ人たちは、はっきりと、日本が自衛権を放棄していないことを覚知していたのである。そこで高柳は、憲法学通説の9条解説と、日本国憲法の趣旨とを結びつけるために、9条「政治的マニフェスト」論を唱えるに至った。

しかし高柳は、毅然として、憲法学通説をはねのけるべきであった。憲法学通説が語句解釈としては正しいかもしれない、などと憲法学に譲歩することなく、むしろ憲法学通説の国際法を無視した語句解釈のおかしさが、すべての問題の元凶である、と洞察するべきであった。

118　篠田『ほんとうの憲法』第5章、参照。

9条が「政治的マニフェスト」だと言えるのは、たとえば1項の内容が国際法規の確認でしかない点だ。ある意味では、不戦条約体制に加入している事実を思い出すだけで、憲法9条1項は不要となるものであった。しかし第二次世界大戦の歴史を鑑みて、あえて国内法においても同じ内容を持つ条項を入れた。それが9条1項である。極めて明快な政治的趣旨を持った宣言条項だ。ただし、法的拘束力を持たない、ということを、全く意味しない。

9条が「政治的マニフェスト」だと言えるのは、たとえば2項の「戦力（war potential）」不保持の点だ。1項で「戦争（war）」を放棄した以上、その潜在力を持たないのは自明であるにもかかわらず、あえて大西洋憲章以来の大日本帝国軍解体の方針の国内法根拠を作るために、戦争のための潜在力は持たない、と宣言しているところなどだろう。だが、法的拘束力を持たない、などということではない。

9条が「政治的マニフェスト」だと言えるのは、たとえば2項の「交戦権（right of belligerency）」否認の点だ。「交戦権」のように国際法では存在していない概念について、あえて否認してみせたりしている点だ。実際には存在していないものを否定しているだけなのは、まさに9条が持つ政治的宣言としての性格を物語る。だが、それは9条が法的拘束力を持つことの否定ではない。法的拘束力がなければ、政治的宣言としても意味がない。

二度と国際法を蹂躙しない。二度と違法な「戦争」をするための潜在力などは持たず、国際法を遵守する。二度と「交戦権」などは主張せず、国際法を遵守する。それは政治的な宣言なのだが、法的拘束力も伴った政治的宣言だ。

惜しむべきは、英米法の専門家であった高柳は、「戦力」と「交戦権」の概念について、現代国際法に即した正しい解釈を施すことができなかったことだ。そのため、今日に至るまで、9条が「法的拘束力のある規範」であることを否定するのが「政治的マニフェスト」論であると誤認され続けてしまった。

そうではない。憲法の条文に、法的拘束力がないものなど、あるはずがない。

ただ、政治的宣言としての重要性や必要性が大きい条項もある、というだけのことだ。

つまり、国際法を遵守する、という日本国憲法の趣旨にしたがって、9条を解釈すべきだ、ということだ。

つまり、国際法を無視して憲法を解釈し、「自衛戦争」などの憲法学界オリジナルの創作物や「国際法上の交戦権」などの嘘偽りを強引に積み重ねる憲法学通説の憲法解釈は、間違っている、ということだ。その憲法学通説のほうが、あたかも語句解釈をしているかのような偽りを塗り固めている態度は、憲法解釈の態度として正しくない、ということだ。そのような法的根拠のない態度を、「憲法学通説」の名の下に、広く日本社会に流布して、「多数説」になってしまった、などとも強弁して強引に法的効果を持つようなものとして押しつけるような態度をとるべきではない、ということだ。

「政治的マニフェスト」論は、確かに、憲法学通説を拒絶する。しかしそれは憲法学通説が、精緻な語句解釈を行うからではない。むしろ憲法学通説のほうが、特定の政治イデオロギーに拘泥し、本来の日本国憲法の趣旨を隠蔽しようとするから、国際法を遵守するという憲法の政治的趣旨の本質を拒絶するのだ。

「政治的マニフェスト」論の狙いは、日本国憲法の精神に立ち戻って厳密に語句を分析して9条を解釈する態度を取り戻すことだ。

繰り返す。より政治イデオロギー的なのは、憲法学通説のほうである。「政治的マニフェスト」論のほうが、国際法にも沿って精緻な語句解釈を施そうとする立場をよく言い表している。

第2部　ガラパゴス主義の起源と現状

10. 宮沢俊義教授の謎の「八月革命」

日本の憲法学のガラパゴス的な性格を決定づけたのは、宮沢俊義の「八月革命」説であろう。「八月革命」とは、日本がポツダム宣言を受諾した際に、「天皇が神意にもとづいて日本を統治する」天皇制の「神権主義」から「国民主権主義」への転換という「根本建前」の変転としての「革命」が起こったという説である。[119] この「革命」があったからこそ、日本国憲法の樹立が可能になったという。

かなり荒唐無稽な学説である。敗戦の決断であったポツダム宣言受諾を、革命の成就と読み替えるのは、空想の産物でしかないことは言うまでもない。国際的に全く通用しない学説であるばかりではない。日本国内ですら、かなり特殊な社会集団の中でしか通用しない学説だろう。

宮沢は、「法律学的意味における革命」が起こったという説明が、日本国憲法成立の

---

119 宮沢俊義「八月革命と国民主権主義」『世界文化』第1巻第4号（1946年5月）、68-69頁。

法理のために必要だ、と主張し続けた。[120] しかしその宮沢自身ですら、ポツダム宣言によって「日本の政治は……国民主権がその建前とされることとなった」とするだけで、「国民」がどのような「革命」を起こしたのかを説明することはしなかった。[121]「革命」とは、しょせんは「根本建前」のレトリックの話でしかなかったことを、宮沢は認めていた。

しかしそれでも宮沢の弟子筋の憲法学者の間では、「八月革命」説は非常に強く支持されてきた。旧憲法から日本国憲法への改正は不法であって無効だと論じられる、と示唆した大石義雄・京都大学教授は退けられた。そして宮沢の弟子にあたる芦部信喜は、「八月革命」説を擁護し続けた。[122] 佐藤幸治・京大教授の広範な「八月革命説」批判も退けられた。そしてやはり宮沢の弟子たちが、「八月革命」を擁護した。「憲法成立の事実経過の説明とみるならば、難点がないわけではない」が、「成立の法理を説くものとしては妥当」だとされた。[123]

芦部『憲法』によれば、「八月革命」説とは、「国民主権を基本原理とする日本国憲法が明治憲法七三条の改正手続で成立したという理論上の矛盾を説明する最も適切な学説」である。「八月革命」説によって、日本国憲法が「国民が制定した民定憲法である」

ことがわかる。ただし「明治憲法との間に形式的な継続性をもたせることは、実際上は便宜で適当であった」だけにすぎない。だから明治憲法と日本国憲法との間に「法的連続性」はないのだという。[124]

果たしてこれは法律家らしい首尾一貫した説明だろうか。「便利だったからやっただけ」で、日本国憲法の正当性に問題はないが、日本国憲法を成立させた明治憲法改正手続きは成立していない!? 芦部のこの「便宜で適当であった」という「八月革命」の描写は、いったい何を意味しているのか。イデオロギー的に導き出したい結論を導いたかのように見せかけるだけの中身のない装飾だということではないのか。

120 宮沢俊義「日本国憲法生誕の法理」宮沢俊義『憲法の原理』(岩波書店、1967年)所収、388頁。
121 宮沢俊義『憲法』(勁草書房、1951年)、15頁。
122 芦部信喜『憲法制定権力』(東京大学出版会、1983年)、114-115頁。
123 野中俊彦・中村睦男・高橋和之・高見勝利『憲法I』第5版(有斐閣、2012年)、64-65頁。
124 芦部、『憲法』30-31頁。

事実とは異なるが、法理を説明するには便利、というのは、要するに、結論先にありきの状況の中で、都合よく使える方便でしかない、ということだ。普通であれば、そこまであからさまな方便であれば、あまり信用されない。しかし「八月革命」説が際立っているのは、その現実から乖離した内容にもかかわらず、狭義の憲法学界を越えてすら、支持を受けたことだ。「八月革命」のアイディアを宮沢に示唆したのは、丸山眞男だったと言われる。事の真偽はともかくとして、「八月革命」説は、「護憲派」の強力なイデオロギー的支持を受けた。「八月革命」は、嘘と言ってもいいほどの次元のフィクションであったが、イデオロギー的な理由により、かえって熱烈なファンを獲得した。

アメリカの影を拒絶しつつ、憲法を正当化する「八月革命」の含意が、憲法学者には非常に便利に感じられたのだろう。だがそこに、日本の憲法学が、現実の国際社会との接点を見失い、ガラパゴス化していく、大きな罠があった、とも言える。

宮沢は、戦時中は体制迎合的な言説を繰り返していた。[125] 宮沢の師である美濃部達吉が1935年「天皇機関説事件」で迫害されている時期、宮沢は沈黙していた。それどころか、時局迎合的な言説を繰り返していた。宮沢は、1941年12月8日の日米開戦を、「最近日本でこの日くらい全国民を緊張させ、感激させ、そしてまた歓喜させた日はなかろう」という気持ちで迎えた。「とうとうやりましたな、……来るべきものがつひに来たといふ感じが梅雨明けのやうな明朗さをもたらした……。この瞬間、全国の日本人といふ日本人はその体内に同じ日本人の血が強く脈打つていることを改めてはつきりと意識したに相違ない。……それから息を継ぐひまもなく、相次ぐ戦勝の知らせである。……気の小さい者にはあまりにも強すぎる喜びの種であった」などと描写していた。[126]

そして宮沢は、「勝つて兜の緒をしめることが何より肝心で」、日本人はねばりがないなどという「批評が全然根拠のないものであることを今度といふ今度こそは全国民一体となつて見事に実現して見せたい」という心情も吐露していた。

宮沢は、さらに書いていた。「アングロ・サクソン人が世界中で肩で風を切つて歩くのも久しい」が、「アメリカが世界的にのさばり出したのは、イギリスにくらべると、

---

125 岩井淳「宮澤俊義——戦時体制下の宮澤憲法学」小野博司・出口雄一・松本尚子（編）『戦時体制と法学者——1931~1952』（国際書院、2016年）、高見勝利『宮沢俊義の憲法学史的研究』（有斐閣、2000年）、第2章。参照。

126 宮沢俊義『東と西』（春秋社、1942年）、114-115頁。

よほどおそい」。宮沢によれば、「東洋における英米のかやうな支配的地位が結局において今日の戦争の根本の原因となつていることはいふまでもない。東洋の国家の代表選手としての日本がその歴史的・宿命的な発展を遂行することは必然的にアングロ・サクソン国家の東洋に対する支配といふものを排除することを意味する。ここにおいて彼らはあらゆる方法をもつてわが国の進路を妨害するの策に出た。さうしてわが国をしてつひに干渉に訴へるのやむなきに至らしめたのである」。

宮沢は続ける。もし英米諸国が正しく、日本が「アジヤをアングロ・サクソン国家の手から解放し、アジヤを真にアジヤ人のものたらしめようとすることが国際正義に反しているといふのであれば、アジヤの大部分は永遠にアングロ・サクソン国家に仕える奴隷としてとどまらなくてはならぬ理屈である。……だいたいアングロ・サクソン人くらい虫のいい人種はない。……アングロ・サクソン人のかういふ虫のいい考へが根本的に間違つていることをぜひ今度は彼らに知らせてやる必要がある。……願はくはこのたびの大東亜戦争をしてアジヤのルネサンスの輝かしき第一ページたらしめよ」[127]。

戦時中にこうした言説を行っていた宮沢俊義という憲法学者こそ、戦後は護憲派の旗手として日本の憲法学界で絶大な影響力を誇り続けた人物である。憲法9条は絶対平和主義の条項だとして、（あたかも自分はそうではなかったかのように）戦前の軍国主義者の復活の阻止を声高に唱えながら、世界の国々は日本を模倣せよ、と訴えた人物である。この宮沢こそが、アメリカ人が起草した憲法を、ドイツ国法学の概念構成で読み解く日本の憲法学の伝統を開始した人物である。

今日、国際法に沿った憲法解釈、そして英米法の伝統を参考にした憲法解釈を行うと、憲法学者らが一斉に、「そんなことをしたら日本はアメリカの属国になる」などとイデオロギー的な反発を見せるのは、理由のないことではないのだろう。憲法解釈の論理的整合性を犠牲にしても、反米運動の道具として憲法を使うことこそが、日本の憲法学のＤＮＡに刷り込まれた一大目標なのだ。

宮沢は、誰よりもアメリカ人が日本の憲法を起草したという事実を憎んでいた。ポツダム宣言の際に主権を握った国民が、憲法をつくった、という奇想天外な理論である八月革命説を信じるためには、「八月革命を信じなければ、日本はアメリカの属国になる」という強迫観念を、まず信じ込まなければならないのである。

127　宮沢『東と西』、１１６、１１７、１２２、１２３、１２４、１２５頁。

実は宮沢は、終戦後の1945年末の段階ではなお、ポツダム宣言を考慮しても新憲法は必要ではない、大日本帝国憲法の適正運用で充分だ、という立場をとっていた。幣原喜重郎首相の内閣に設置された「松本委員会（憲法問題調査委員会）」の主導的な委員として守旧的な改正憲法案を起草したのは宮沢だった。そのあまりに保守的な内容でGHQを焦らせて、GHQ独自案の起草に踏み切らせたのは、宮沢であった。[128]宮沢は、逆説的な意味でのみ、日本国憲法の生みの親であった。

その宮沢は、1946年2月に、GHQが起草した憲法改正草案要綱を見たとき、態度を変えた。「国民主権主義」を掲げて、新しい憲法を擁護する立場に舵を切り、後に「一つの人格が崩壊して別の人格が誕生した」とまで評されるようになった。[129]

宮沢の師である美濃部は、全く逆の態度をとっていた。そもそも宮沢が「八月革命」説を公にした『世界文化』1946年5月号に同時掲載されていた美濃部の論文は、憲法改正案が「国民の意思と関係なく専ら政府の手に依って作成せられたものである以上は、自由に表明せられた国民の意思に依って之を決定したものと謂い得ない」と喝破していた。[130]実際に美濃部は、顧問官を務めていた枢密院で、新憲法案が採決された際、ただ一人反対票を投じた。理由はポツダム宣言に違反した「自由に表明せられた国民の意思」の欠如であった[131]。

美濃部の見解をものともせず、宮沢と彼の弟子たちが標榜し続けてきた「八月革命」という物語の特徴は何だろうか。表面的にはそれは単に「憲法改正限界説」を守るための方便であった[132]。しかしより重要なのは、「八月革命」説の政治的な含意である。「八月革命」説は、実際の憲法制定権力者としてのアメリカの存在を消し去ることに成功した[133]。これによって、アメリカの影を、あくまでも憲法制定後の後付けの付属物として扱うこ

128 佐藤達夫『日本国憲法成立史』第一巻（有斐閣、1962年）、457-458頁、第二巻、718-726頁。

129 江藤淳「〝八・一五革命説〟成立の事情――宮沢俊義教授の転向」『諸君!』14巻5号、1982年5月号、29頁。

130 美濃部達吉「憲法改正の基本問題」『世界文化』第1巻第4号（1946年5月）、60-61頁。

131 貴族院では、京都大学憲法学教授の佐々木惣一が反対した。枢密院議長を務めていた公法学者の清水澄は、翌1947年に自殺した。江藤「〝八・一五革命説〟成立の事情」、43-44頁、参照。

132 もっとも改正ではなく革命であった、と主張することによって改正の限界に関する学説を維持したことになるのかは、疑問が残る。

とが可能になった。

宮沢は、1946年「八月革命」論文を、檄文のようなもので結んでいた。この論文の末尾で、宮沢は、憲法改正案が発表された後、『タイム』誌が「We the Minics（ママ）（我ら模倣者は）」という題名の記事で、日本人の模倣的頭脳がアメリカ式憲法草案を生んだ、と揶揄したことへの憤りを表明した。実際には、宮沢自身はGHQが憲法草案を起草したことをよく知っていた。しかし憤りを表明した。そして「政府案が国民主権主義を採用したのは決して単なるアメリカの模倣ではない」などと書いていた。

他方で、憲法草案の表現や規定に「模倣と評せられ得るものがきはめて多い」ことについては「十分再検討」すべきだと主張した。そして「冷笑され」ないように、「政府案の審議にあたる議員諸公」に「真に自主的な民主憲法を確立させるためには遺漏なきを期してもらいたい」という一文で、論文を締めくくっていた。[134]

「八月革命」という奇妙な学説は、日本国憲法がアメリカ人によって起草されたこと、つまり日本国憲法がアメリカの憲法・政治思想の影響下にあることを覆い隠すための方便だった。「八月革命」とは、アメリカの影を追い払う政治工作の物語を確立するための措置だった。

それにしても、この宮沢の措置の帰結として、憲法9条の解釈までもが、反米主義のガラパゴス的なものになってしまったのは、非常に残念なことであった。
宮沢の「八月革命」は、真の主権者が危機において出現する、といったカール・シュミットの決断主義にむしろ近い。シュミットの影響は、丸山眞男が「八月革命」のアイディアを示唆したというエピソードとも合致する。丸山の出世作「超国家主義の論理と心理」は、宮沢の「八月革命」論文と同じ1946年5月に公刊された論文だったが、丸山が議論の基盤としていたのは、カール・シュミットであった。[135]
しかし、それにしても日本国憲法誕生の法理として密かにナチスとの関係も深かった

133　八月革命説においては「意志力」と「建前・理念」が同じ「主権」という語の中で二重に使われているという指摘もある。「マッカーサーが日本国民に対してもっていたのは、『事実上無制限の権力』という意味での主権であり、天皇から国民に移ったとされる主権は、日本の国政の根本建前という意味での主権」なのであった。菅野喜八郎「八月革命説覚書」『法学』（東北大学法学会）第47巻第2号、1983年6月、35-36頁。

134　宮沢「八月革命と国民主権主義」、71頁。なお宮沢は繰り返し「Minic」と表記したが、「Mimic」の誤りであろうと思われる。

シュミットが導入されていたことは、戦後の憲法学の発展の裏に潜む「出生の秘密」と言ってよい一大問題だ。

宮沢は、法哲学者・尾高朝雄との間で、１９４７年から49年にかけて主権をめぐる有名な論争を行った。「ノモスの主権」で知られる尾高は、戦後の日本において、「国民主権主義と天皇制との調和点」を模索すべきだと考えた。ノモスとは「政治の矩《のり》」であり、「政治の方向を最後的に決定するものを主権というならば、主権はノモスに存しなければならない」。尾高は述べる。「私の主張を……直接にいうならば、それは、主権否定論であり、主権抹殺論である」[136]。

これに対して宮沢は、ノモスの主権が存在しているとしても、それは天皇主権／国民主権の概念に何ら影響を与えないと強調した。主権には二つの意味があるのだと宮沢は強調した。国家全体の次元での対外的独立性の意味での主権と、国内における最高権威としての主権である。前者の主権の存在を認めることは、後者の主権の存在を否定することにはならない[137]。興味深いのは、必ず国内の人間の主権者が存在していなければならない、という議論を展開した宮沢の「徹底的な勝利」を、戦後の日本の憲法学者たちが「通説化」したことである。主権否定論を示唆した尾高は、主権を「回避している」という理由により、敗者とされた[138]。

実は尾高の議論は、今日であれば「国際的な法の支配」とでも呼ぶべき立場を擁護するものであった。尾高は「国際法の窮極に在るもの」としての「国際法を破ることなくして国際法を作らうとする力」が作り出す「新たな国際法秩序」を構想しようとしていた[139]。しかし憲法を、国際秩序の中で構想しようとした尾高は、宮沢の弟子たちに「敗

135 C・シュミット（田中浩・原田武雄訳）『政治的なものの概念』（未来社、1970年）、C・シュミット（田中浩・原田武雄訳）『政治神学』（未来社、1971年）、篠田『集団的自衛権の思想史』第1章、などを参照。

136 尾高朝雄「ノモスの主権について」尾高朝雄『法の窮極にあるものについての再論』（勁草書房、1949年）所収、43、63頁。

137 宮沢俊義「国民主権と天皇制とについてのおぼえがき——尾高教授の理論をめぐって」宮沢俊義『憲法の原理』所収、285頁。

138 杉原泰雄『国民主権の研究——フランス革命における国民主権の成立と構造』（岩波書店、1971年）、9頁。

139 尾高朝雄『法の窮極に在るもの』（有斐閣、1947年）、304頁。

者」の烙印を押された。

この尾高の立場を、「八月革命」の国民主権論で打ち破ったとされた宮沢は、結果として、国際社会に背を向けたガラパゴス的な憲法論の普及に大きく寄与した。宮沢は、ポツダム宣言受諾時に「革命」を起こしたという謎の「国民」概念を導入することによって、結果として抽象理念の世界にのみ存立する極度に観念論的な国民国家主義を作り上げた。

明治時代から続く日本の憲法学のドイツ国法学との強いつながりは、第二次世界大戦後に新しい段階を迎えたが、裏口から迎え入れたシュミットによって、変則的な形で存続した。

葬り去られたのは、国際主義の性格を持つ憲法論だった。「八月革命」によって、アメリカの影も封印された。憲法学通説が描き出す憲法は、日本国民の虚構の自作自演の「決断」・「革命」の芝居を通じて、閉ざされた法理の世界に生きていくものとなった。

11. 長谷部恭男教授の謎の「立憲主義」

長谷部教授は、２０１５年に衆議院憲法調査会で「安保法制は違憲だ」という意見を述べて有名になった憲法学者である。憲法調査会を取り仕切っていた自民党の船田元議員は、長谷部教授が特定秘密保護法案などに賛成してくれていたので油断した、などと述懐した。しかし長谷部教授は、長きにわたり、集団的自衛権を違憲と論じる者であった。

長谷部教授は、『憲法と平和を問いなおす』（２００４年）で、護憲派の立場を維持しつつ、自衛隊合憲論を打ち出した。東大法学部憲法学のエース・長谷部教授の自衛隊合憲説は、当時の憲法学に衝撃を与えた。しかし、今日、憲法学者が口をそろえて「自衛隊は昔から合憲なので改憲の必要はない」という立場で、「アベ政治を許さない」ために大同団結できるのは、長谷部教授が打った布石のおかげだ。

「安保法制は違憲だ」という発言で、俗にいう長谷部教授の「失地回復」が果たされた。発言後、長谷部教授は、２０１５年10月に全国憲法研究会代表に就任し、さらに２０１

6年10月には日本公法学会理事長にも就任して、憲法学者が集う二つの学会の長を同時に務めるようになった。長谷部教授が自信満々で「国民には、法律家共同体のコンセンサスを受け入れるか受け入れないか、二者択一してもらうしかないのです」と述べるようになったのは[140]、憲法学界の権威を信じる者にとっては、裏付けのない行動ではない。

このような背景を持つ長谷部教授の集団的自衛権の違憲論は、長谷部教授の愛する「立憲主義」によって、どのようにして説明されるのか。「立憲主義」の概念をかかげて憲法の平和主義を説明したことによって、国政にも甚大な影響を与えた長谷部教授は、果たしてどのように「立憲主義」を駆使して、自衛隊は合憲だが、集団的自衛権は違憲だ、と論証したのか。

全く不明である。

なぜなら、長谷部教授は、立憲主義と集団的自衛権を、結び付けていないからである。長谷部教授は、「日本の憲法学者は、法律学者が通常そうであるように、必ずしも、つねに剛直な法実証主義者として法文の一字一句に忠実な解釈を行うわけではない」などと主張した。そのうえで憲法の「解釈適用は、最後は専門の法律家の手に委ねられる」と平気で主張した[141]。つまり、長谷部教授好みの「穏健な平和主義」が正しいのは、文言解釈にはとらわれない憲法学者の解釈に憲法解釈を委ねることが、憲法学者が信じる最も正しい憲法解釈の方法だからである。こうした主張をへて、長谷部教授は、自衛隊の合憲性を導き出そうとした。

それでは集団的自衛権はどうか。実は、長谷部教授は、立憲主義の観点からは、集団的自衛権の違憲性を、全く説明しない。集団的自衛権違憲論は、長谷部教授の「立憲主義」とは、実は、関係がない。

長谷部教授によれば、立憲主義は、「公」と「私」を区分し、「公」が「私」に介入しないようにすることから、生まれる。価値規範が多様なリベラル・デモクラシー＝立憲主義体制においては、「私」の意見の内容を、「公」が決めることができない。そこで「公」による「私」の領域への介入を不当なものとして禁止するのが、長谷部教授が説明する立憲主義の本質である。「公」が担当するのは、社会を維持するのに必要な「調整」問題だとされる。

---

140 『朝日新聞』２０１５年11月29日朝刊、３面。

141 長谷部恭男『憲法と平和を問いなおす』（ちくま新書、２００４年）、１４２、１７３–１７４頁。

「立憲主義は、大雑把にいえば、憲法を通じて国家を設立すると同時に、その権限を限定するという考え方です。限定することがなぜ必要かと言えば、多様な世界観を抱く人々の公平な共存を可能にするために、公私を区分し、国家の活動領域を公のことがらに限定するためだと言うことができます[142]」

長谷部教授は、絶対平和主義にもとづく自衛隊違憲論を排する。なぜなら、絶対平和主義が一つの特定の価値観を他人に押し付ける行為だからだという。そこで「私」の領域の多様性を守るために、最低限の自衛権の行使が認められる。これが、長谷部教授が説く立憲主義的な平和主義であり、護憲派の自衛隊合憲論である。

だが、そこからどうやって集団的自衛権の違憲性が導き出されるのか？　集団的自衛権を合憲と考えると、「公」による「私」の侵食が生まれ、立憲主義が崩されるということになるのか？

長谷部教授は、立憲主義を駆使して、集団的自衛権の違憲性を説明することはしない。むしろ突然、国家の「合理的な自己拘束」が集団的自衛権違憲論である、と話を変えてしまう。そして一度自らを拘束する規則を作ったのだから、それを守っていかなければならない、という「法的安定性」に話を持っていく。「アイスクリームを食べる権利は誰にもあるが、自分は健康のことを考えて食べないことにするというのが背理でないのと同様に」、集団的自衛権は、「合理的な自己拘束」として、違憲だという。そして「いったん有権解釈によって設定された基準については、憲法の文言には格別の根拠がないとしても、なおそれを守るべき理由がある。いったん譲歩を始めると、そもそも憲法の文言に格別の根拠がない以上、踏みとどまるべき適切な地点はどこにもない」という理由で、集団的自衛権も違憲にしておかざるをえないのだと主張する。[143]

この長谷部教授の議論は、少なくとも「公」と「私」の区分による長谷部教授自身の「立憲主義」とは、全く関係がない。

国家が自らを自己拘束する、というのは、まったくドイツ国法学的な観念論である。実際の言説は、せいぜい内閣法制局の役人によって書かれたものにすぎない。いちいち国家が自己拘束しているなどと大げさなことを言う観念論は、あたかも何か実質的なことを語っているかのような印象だけを作り出そうとするものだ。

142 長谷部恭男『法とは何か――法思想史入門』(増補新版)(河出書房新社、2015年)、101頁。
143 長谷部恭男『憲法と平和を問いなおす』、162、163、173頁。

「国家は仮想の人格であり、人為的構成物である。生身の個人とは異なり、仮想の人格は自己保存への権利を持たない」としたら、[144]なぜその人工構成物が自己拘束などをすることができるのか？　なぜ『憲法と平和を問いなおす』は、150頁以降に「立憲主義」が登場しなくなってしまうのか？　長谷部教授は、あるときは「国内的類推（国家を擬人化して国際社会を捉える発想）」を拒絶しながら、集団的自衛権は違憲だと主張するときだけは密かに「国内的類推」をしのびこませている。それは「国内的類推」のダブル・スタンダードであり、そもそも「立憲主義」のダブル・スタンダードである。[145]

しかし長谷部教授は、淡々と、最後には、堂々と、「法律家共同体」の至高性を主張する。憲法が法律である以上、「解釈適用が専門家の手に委ねられることには、充分な根拠がある」[146]という言葉で、解釈をめぐる様々な論争は、憲法学界／内閣法制局への一任、という形で解決されなければいけないものとする。

これは憲法典には根拠がない超法規的措置を求める政治言説である。しかし長谷部教授の政治力により、「アベ政治を許さない」で大同団結する憲法学者の間においてだけは根拠があるものになってしまった。かつて自衛隊を違憲と信じるがゆえに、内閣法制局の憲法9条解釈を非難し続けていた「伝統的憲法学通説」の数多くの憲法学者たちを手なずけて、「憲法典には根拠がない超法規的な権限を内閣法制局と憲法学者に！」というスローガンでまとめ上げた長谷部教授の政治手腕には、舌を巻かざるを得ない。

長谷部教授は、立憲主義について二つの異なる観念を持っている。一つは、「公」と「私」の区分という一般的原理にもとづく「立憲主義」である。もう一つは、（内閣法制局と憲法学者からなる）「法律家共同体」が決めたことは「法的安定性」のために変更してはならない、という「権威主義」と言い換えるべき「立憲主義のようなもの」である。この第二の立憲主義あるいは立憲主義のようなものが、「政府を制限するのが立憲主義だ」といった野党受け・団塊の世代受けするスローガンで脚色されたりするので、いっそう混乱が広がる。

144 長谷部『憲法と平和を問いなおす』、157頁。

145 「国内的類推」の陥穽については、篠田英朗「『国際法学の国内モデル思考』批判の射程：その可能性と限界」中川淳司・寺谷広司（編）『大沼保昭先生記念論文集：国際法学の地平――歴史、理論、実証』（東信堂、2008年）所収、などを参照。

146 長谷部『憲法と平和を問いなおす』、174頁。

なぜ長谷部教授は、このようなダブル・スタンダードに陥ったのか。一つには、伝統の問題があるだろう。すでに長谷部教授の師である芦部信喜の『憲法』に、集団的自衛権は違憲だ、と書いてある。本来であれば、自衛権の限界は、国際法に従って設定される、ということで十分だった。しかし、憲法学者が仕切ることこそが、「自己拘束」の根拠となる。そこで長谷部教授は、とりあえず、師匠の憲法学者の見解にしたがった「限界」の線引き方法を踏襲した、ということなのかもしれない。

理論的に着目すべきは、長谷部教授の徹底した相対主義である。長谷部教授は、憲法典からは、個別的自衛権合憲、集団的自衛権違憲、という「線引き」がなされえないことを知っている。「合理的な自己拘束という観点からすれば、ともかくどこかに線が引かれていることが重要」であり、「なぜそこに線が引かれているかにはさしたる合理的理由がないとしても、いったん引かれた線を守ることには、合理的理由がある」[147]。

つまり長谷部教授は、憲法典から、個別的自衛権合憲・集団的自衛権違憲、という結論を合理的に引き出すことはしない。しかし芦部信喜を中心とする憲法学者や内閣法制局の高級官僚たちが「違憲だ」と決めたことを、「違憲だ」と決め続けておくことには、合理性がある、と主張する。つまるところ、長谷部教授にとって合理的なのは、内容の妥当性ではなく、決定した「法律家共同体」の威信を守ることなのである。

集団的自衛権は違憲だという見解を内閣法制局が正式に表明したのは、1972年である。団塊の世代が学生運動を起こし、成人した時期の直後だ。団塊の世代の弟のような1956年生まれの長谷部教授が属する世代からすれば、10代後半からずっと、集団的自衛権は違憲だった、ということにはなる。

しかし、ただ、それだけのことだ。団塊の世代を中心に法律概念を組み立てることには、「さしたる合理的理由がない」。むしろ冷戦体制が終焉すれば、見直しが必至となるのが、当然だったのである。

さらに言えば、結局、憲法学において最も重要なのは、アメリカに対する不信である。アメリカを信用しないからこそ、長谷部教授は、最後の最後には、他の護憲派の人々と大同団結できる。「自国の安全が脅かされているとさしたる根拠もないのに言い張る外国の後を犬のようについて行って、とんでもない事態に巻き込まれないように、あらかじめ集団的自衛権を憲法で否定しておくというのは、合理的自己拘束[148]」だ、という長谷

147 長谷部『憲法と平和を問いなおす』、163、164頁。

部教授の説明は、集団的自衛権の法理が予定しているわけではない状況を、日本が常に直面する状況であると言い替えてしまう説明である。政策的分析・判断で対応すべき状況を、集団的自衛権の違憲性それ自体の根拠として主張してしまう操作的な議論である。

自衛隊を合憲とし、相対主義的法律観を徹底しながら、それでも長谷部教授が、集団的自衛権はそれ自体として違憲だ、と断定できるのは、同盟国アメリカが日本を騙す悪い国だということが判断基準として確立されているからである。もし、アメリカがそれほど悪い国ではなかったら、万が一、ほんの時折でも、アメリカが合法的で正当な国である可能性があったら、長谷部教授の集団的自衛権違憲論は、説得力を失う。

はっきり言えば、このような長谷部教授の議論は、アメリカを中心とする第二次世界大戦戦勝国＝国連加盟国＝平和愛好国を「信頼」して、自国の「安全と生存を保持」する「決意」を表明した日本国憲法の精神の対極に位置するものだ。少なくとも反憲法典的であり、言葉の素直な意味で、立憲主義的でない。さらに言えば、「国家の自己拘束」なる観念論を語り、日本国憲法典の国民と政府の間の「厳粛な信託」を語らないのは、全く立憲主義的でない。

しかも、この長谷部教授の「立憲主義のようなもの」は、長谷部教授自身の本来の

「立憲主義」とも、全く関係がない。

そもそもこの「立憲主義のようなもの」、つまり「法律家共同体」が「法的安定性」の守護神であることが至高の合理性を持っており、「法律家共同体」は絶対に否定されてはならない、という信念は、立憲主義というよりもむしろ、単なる権威主義に近い立場だろう。そして重要なことに、この権威主義は、アメリカへの嫌悪、あるいは日本国憲法が信頼するように呼びかけている「平和を愛する諸国」にアメリカだけは含まれないと確信する思想、によって支えられている。

自衛権というのは、個別的であろうと集団的であろうと、それ自体が「公」の行為である。万が一にも、社会を構成する自然人の「私」の領域の問題などではない。したがって政府による自衛権行使を律するのは、「公」と「私」の区別とは関係がない。「私」の領域を守るために「公」を制限するのが「立憲主義」であるとすれば、公の自衛権を公の「自己拘束」などを理由にして制限しようとするのは、全く立憲主義的ではない。個別的自衛権の行使が主張されていても、満州事変のような侵略的な事例であれば、

148 長谷部『憲法と平和を問いなおす』、162頁。

「私」の領域を守る効果は期待できない。他方、集団的自衛権の行使が必要とされる事例でも、他国が破壊されてしまうと自国の社会構成員の「私」を守ることが不可能になるような場合には、集団的自衛権を行使することが、社会構成員の「私」の領域を守る行為となる。

なぜ立憲主義とは関係のない集団的自衛権違憲論が、あたかも立憲主義の帰結であるかのように感じられるかと言えば、非常に感覚的に、権力を制限するのが立憲主義だ、といった粗削りな言説が流通しているからである。

総理大臣が推進していることに反対するのが立憲主義者だ、というおよそ学術的議論にはなじまない感覚的発想が流通しているので、たまたま集団的自衛権違憲論がその感覚に訴えるものがあった、ということで注目されるようになる。

実は長谷部教授自身も、自らの立憲主義の定義にもかかわらず、権力を制限するのが立憲主義だ、といった大雑把な話をしていることが多々ある。

こういった感覚的な議論にしたがうと、常に野党が立憲主義の代表で、政権党になると立憲主義の敵になる。つまり立憲主義者であるためには、常に野党でなければならない。万年野党に加えて、特権的に立憲主義の代表だとされるのが、内閣法制局の官僚群である。

こうした議論に、なんらかの法的根拠があるとは思えない。少なくとも実定法上の根拠は皆無だ。すべて憲法学者のイデオロギー的感覚によるものである。結局、憲法学者という存在の卓越性によって、憲法学者の議論は支えられている。

実際、憲法学界の「隊長」と称される長谷部恭男教授の著作では、徹底した他者否定と自己肯定が繰り返される。際立つのは、他者と自己を区別する基準が、「憲法学者であるか否か」という点にあることだ。世界は二つの種類の人々に二分される。憲法学者と、憲法学者ではない人々だ。

通常、長谷部教授は、自分が批判する相手の議論を引用したり、具体的に参照したりもしない。ただ侮蔑する。

「不思議な議論がここ数年つづいているので、まともに法律を研究している人たちや、憲法学者たちはみんな、まじめに耳を傾けるべき話なのか、正直なところ、とまどっているわけです[149]」

149 長谷部恭男『憲法の良識――「国のかたち」を壊さない仕組み』(朝日新書、2018年)、25頁。

長谷部教授の議論にはおなじみのレトリックである。こういう場合、長谷部教授は、なぜそう言えるのかを、説明しない。具体的な議論に引き込まれる余地を作ることも避ける。ただ、一方的に高みに立とうとする。

長谷部教授は、憲法学者ではない者が憲法を語っているという状況を、嘆く。

「このところ、日々憲法について発言する人々の顔ぶれを見ると、その大部分は、憲法の専門家ではない人たちです。専門外の問題について憶することなく大声で発言する、その豪胆さには舌をまくしかありませんが、こうしたフェイク憲法論が世にはびこることには、副作用の心配があります。これは高血圧に効く、あれは肥満に効くといわれるクスリの中には、にせグスリもあるでしょう。……その結果として起こるおかしな事態は、最初におかしな言説をとなえた人たちだけに悪い影響をもたらすわけではありません。日本の社会全体に悪影響が及びます[150]」

もちろん一般論として、おかしな憲法論がはびこれば、おかしな事態を招くのは確かだろう。しかし「おかしな憲法論」とは「憲法の専門家ではない人たちの憲法論」のことだ、と一般論レベルで断定するのなら、理由を示すべきだ。少なくとも何か具体的な事例をあげるべきだ。しかし、長谷部教授は、まったく根拠を出さない。何も出さず、むしろレトリックにレトリックを積み重ね続け、断定し続ける。

「私がよく使う比喩ですが、私にはアイスクリームを食べる権利があります。しかし、健康のことを考えて、アイスクリームは、食べるとしても一日一個だけにするというきまりを自分でつくっているとしましょう。……それと同様、国際法上は、日本には集団的自衛権もあることになっている。しかし、自国の安全と国際の平和のことを考えて、日本としては憲法で、個別的自衛権しか行使しないことにしている、ということに何の矛盾もありません」[151]

これが憲法学者だけができる高級な法律論というものなのだろうか。いったい誰が、アイスを二十個食べさせろ、と要求しているのか。意味不明である。集団的自衛権の違憲性の議論と、全然関係がない。それを言うなら、集団的自衛権合憲論は、食べる一個のアイスは、バニラでもチョコでも同じだ、と言っているに過ぎないだろう。長谷部教授は、複数の著作において繰り返しアイスの比喩を用いているが、それでいてなぜ集団

150 長谷部『憲法の良識』、203-204頁。
151 同上、108-109頁。

的自衛権が違憲だと言えるのかについて全く精緻な説明を施さない。果たして法律家の「良心」とは、「アイスの比喩」だけをひたすら繰り返すことなのか。

長谷部教授は、憲法学者を、憲法学者であるという理由で、称賛する。

「憲法の専門家といわれる人々——主に憲法学者ですが——は、長年にわたって憲法をいろいろな角度から観察しているので、問題が単純ではないことが分かっています。……憲法に限らず、法律学は、お医者さんの仕事と似たところがあります。お医者さんの仕事は、この病気にはこのクスリを処方すればいい、ですむことはありません。この患者さんにはアレルギーはないか、ほかに持病はないか、別のクスリを常時服用してはいないか、クスリが効かない特異体質ではなど、いろいろなことに注意する必要があります。……憲法の専門家の仕事もそうしたところが大いにあります[152]」

法律家は、医者のように振る舞うべきだ、という意見は、特に異を唱えるほどのものではない。しかしだからといって、ただ憲法学者でさえあれば、医者のように振る舞うことができる、と断定できるはずもない。本来、優れた医者であればあるほど、一方的に相手の意見を侮蔑したりせず、むしろ理解するための努力を最大限に払ったりするものなのではないだろうか。「憲法の専門家」だけが、物事を単純にとらえない高級人種だと主張するのであれば、その根拠を示すべきだ。

ひょっとしたら、むしろ憲法学者こそが、「憲法優位説」を振り回し、「法律家ではない者は相手にしない」といった「単純」な態度をとりがちな人々だとしたら？ 憲法学者はあまりに卓越しているので、無知な者たちの会話を聞くことすら拒絶する、といった態度が、まさに「問題を単純」化する態度だとしたら？

しかし、長谷部教授自身は、もちろん憲法学者の卓説性を信じて疑わない。わざとらしく引用という形をとった、もったいぶった言い方で、長谷部教授は、次のように言う。「(シモン・サルブランさんによれば、) 日本において憲法学者というのは、ほかの国にはない知的指導者としての位置を占めている、これはなかなかないことである。典型は樋口陽一である……。そうかもしれないと思うのは、イギリスにしてもアメリカにしても、ほかの国では、厳密な意味での憲法問題についてしか、憲法学者の意見が求められることはないということです。その点、日本は少しちがいます。

厳密な意味での憲法問題でなくても、憲法学者はどう考えているのか意見を聞かれる

152　長谷部『憲法の良識』、204-205頁。

ことがある。そこは他国と少しちがう、日本の特殊なところかもしれません。ですから、憲法のきらいな人からみると、憲法学者がいばりすぎだ、口を出しすぎだ、と頭にくることがあるのかもしれない。もっとも、自分だって目立ちたいのに、というただの嫉妬心からかもしれませんが」[153]

長谷部教授によれば、憲法学者が憲法以外のことを語るのは、憲法学者が「知的指導者」だからである。他方、憲法学者ではない者が憲法について語るのは、憲法学者に「嫉妬」しているからである。

この徹底した憲法学者絶対主義を肯定するために、長谷部教授は、驚くべき主張をする。憲法学者だけがなぜ「知的指導者」なのかと言えば、それは憲法学者だけが「良識」を持っているからだというのである。

たとえば憲法9条2項の「戦力」禁止規定で、自衛隊の保持は認められないのか、と疑問に感じる時が、「法の解釈が求められる典型的な場面」、つまり専門家としての憲法学者の専門性が問われる場面だ、と長谷部教授は主張する。そこで憲法学者は何をするのか？　「良識」を働かせるのだという。日本が攻撃されても政府が何もしないのは「非常識なこと」である。「あまりにも良識に反します」。そこで憲法9条2項にかかわらず、自衛隊は合憲になるのだという。[154]

ということは、憲法学者ではない普通の人々が誰でも「良識」を働かせて、同じ結論に至るということなのか、と思うと、そうではない。なぜなら「良識」にもとづいた「法の解釈」ができるのは、長谷部教授のような憲法学者だけだというのだから。

長谷部教授によれば、「良識」ある憲法学者でないと、毎日毎日アイスを二十個ずつ食べ続けるらしい。放っておけばどうせ憲法学者以外の者は毎日アイスを二十個ずつ食べ続けるので、「良識」を持った「法の解釈」ができる憲法学者が必要になる。

憲法学者とは、「良識」を持った「法の解釈」ができる者である。憲法学者ではない者とは、つまり「良識」を持った「法の解釈」ができない者のことである。

もし本当にそうだとすれば、長谷部教授が「憲法学者だけが知的指導者」であると信じることも、確かに何ら奇異なことではない。それは「良識」の問題であり、「常識」の話なのだから、一切、論証の必要もないと言わんばかりに振る舞うことも可能になっ

153　長谷部『憲法の良識』、198-199頁。
154　同上、35頁。

てくる。

なぜ憲法学者だけが「良識」を知っているのか？　と聞くのは、野暮である。憲法学者だけが「良識」を持っているという確信こそが、「良識」そのものなのであり、そのように信じない者は、つまり「良識」がない者なのである。

日本の憲法学は、まさに世界で唯一の、他に一切類例のない、ものすごく特別なものである。あるいは「ガラパゴス」などという言葉では、まだ足りないかもしれない。[155]

155　ところで私が『ほんとうの憲法』を公刊し、9条1項の「戦争（war）」放棄を国際法に沿って解釈し、9条2項の「戦力（war potential）」不保持や「交戦権」否認も国際法に沿って整合性のある形で解釈すべきだ、と主張したのは、2017年7月のことであった。なぜか長谷部教授は、その後、「war potential」といった概念や、国際法を参照した憲法9条解釈を強調している。2017年10月のウェブサイト記事において、長谷部教授は、それまで見られなかった9条解釈を披露した。「戦力ということばは、いろいろに理解できることばである。歴代の政府は、このことばを『戦争遂行能力』として理解してきた。war potential という条文の英訳（総司令部の用意した草案でも同じ）に対応する理解である。9条1項は、明示的に『戦争』と『武力の行使』を区別している。『戦争遂行能力』は『戦争』を遂行する能力であり、『武力の行使』を行う能力のすべてをおおうわけではない。そして、自衛隊に戦争を遂行する能力はない。あるのは、日本が直接に攻撃されたとき、必要最小限の範囲内でそれに対処するため、武力を行使する能力だけで、それは『戦力』ではない、というわけである」。長谷部恭男「その10　陸海空軍その他の戦力は、これを保持しない」『憲法学の虫眼鏡』（白鳥書店、２０１７年10月23日）〈http://www.hatorishoten-articles.com/hasebeyasuo/10〉。しかし、長谷部教授の解説にもかかわらず、日本政府が「war potential」という概念を参照して、自らの９条２項解釈を説明した記録はない。長谷部教授は、さらに２０１９年1月刊の岩波文庫『日本国憲法』に寄せた「解説」において、次のように述べた。「『戦力（war potential）』の保持を禁ずる二項前段も、『決闘』としての戦争を遂行する能力の保持を禁ずるものと理解するのが素直である……。一項と二項を分断した上で『戦力』『交戦権』など個別の概念に分解して解釈する手法は、条文全体の趣旨を分かりにくくする」（長谷部恭男「解説」『日本国憲法』［岩波文庫、２０１９年］所収、１７１頁）。２０１７年以前の長谷部教授の言説に、このように国際法を強調しながら「war potential」概念を参照するようなものはなかった。新しい長谷部教授による国際法を参照した自衛権合憲論の議論は、もちろん私としては歓迎だ（もっとも国連憲章だけは絶対に参照しないのは、いただけないが）。ただし同時に、果たして長谷部教授は、それにもかかわらず、集団的自衛権違憲論を維持できるのか、疑問に感じる。

12. 石川健治教授の謎の「クーデター」

石川健治・東京大学法学部教授は、安保法制に向けた集団的自衛権限定容認の閣議決定が出た際、これは「クーデター」だと繰り返したことで、知られる。[156]

およそ法律家らしからぬ態度で、クーデターという言葉をレトリックで用いたということのようだが、本気ではあったのだろう。憲法学者の至高性が脅かされた、という意味で、安倍政権がやっていたことは、石川教授にとっては、まさにクーデターのようなものだったのだ。内閣法制局長官が、一橋大学卒・外務省出身・国際法専門の人物になるなどということは、憲法学者にとっては、「クーデター」などという言葉でもまだ足りないくらいに、あるべき社会の秩序観に挑戦するようなものだったのだろう。

その石川教授は、次のように予言した。

「安倍政権の支持率が下降すると、必ず絶妙のタイミングで、北朝鮮からミサイルが寸止めの形で発射されてきます。敵対関係というよりはむしろ、お互いがお互いを必要とする、隠れた相互依存関係の存在すら感じられます[157]」

今や「憲法学者＝知的指導者」の「良識」は、安倍政権の内閣支持率との「相互依存関係」で、北朝鮮の動きを分析するという最新理論まで編み出しているわけである。驚くべき成果だが、残念ながら断言めいた言説が羅列されるだけで、論証は一切なされない。論証がないままにこの種の断言が繰り返されると、「憲法学者＝知的指導者」の方々は、アベ首相を憎むあまり、その場限りの発言を繰り返しているのではないか？という疑念が深まってしまうのだが、論証はなされない。せいぜい「権力を制限するのが立憲主義だ」といったスローガンが唱えられるくらいだろう。

石川教授は、改憲を通じて自衛隊の合憲性を明記してしまうと、自衛隊をコントロー

---

156 たとえば、「『クーデター』で立憲主義破壊　憲法学者、石川健治・東大教授に聞く」、『毎日新聞』２０１６年5月2日東京夕刊、「石川健治氏：あれは安倍政権によるクーデターだった」、マル激トーク・オン・ディマンド 第７４５回（２０１５年７月18日）〈https://www.youtube.com/watch?v=4VLYUqQN43s〉など。

157 「石川健治東京大教授に聞く――自衛隊に対する憲法上のコントロールをゼロにする提案だ」『朝日新聞 WEBRONZA』２０１７年7月21日。

ルすることができなくなる、と主張している。

憲法に規定がないことを利用して政府機関を制限すべきだ、憲法の規定などで制限すべきではない、と憲法学者が主張するというのは、かなり特異な情景ではないだろうか。もっとも憲法学者が「知的指導者」だという「良識」を信じて国政を運営する方針を、憲法典を超越する立憲主義の原理と呼ぶのなら、石川教授は正しいことになるのだろう。「隊長」長谷部教授や石川教授は、日本の憲法学界の権威的存在で、どちらにしても憲法学界の内部からは異論が出ないのだろう。金正恩氏のミサイル発射についても憲法学界からは異論が出ないだろう。

それにしても長谷部教授や石川教授は、本当に日本の「法律家共同体」を代表しているのだろうか。

石川教授には、残念ながら、単著がほとんどない。あるのは、カール・シュミット論のような「制度体保障」論に関する書物だけだ。[158] 果たしてこれで憲法学界においてどう位置付けられているのだろうか。今どき真のシュミットは何を言っていたかといった論調で憲法解釈論を展開させるのが、憲法学界でも珍しいのは確かなのだろう。だが本来であれば、哲学や政治思想の学界で、シュミット解釈論を議論するべきなのではないか。

そうでないと「クーデター」や「ミサイル」の話を、憲法学者を相手に語って、喜ばせているのと変わらなくなってしまう。

樋口陽一・元東大法学部教授のほうの弟子にあたる石川教授は、自衛隊の合憲性を認めていないという点で、よりいっそう原理的である。ただし憲法学者は、政権批判で大同団結することに専心し、相互の議論にはあまり関心がないようだが。

次章で後述するように、長谷部教授の弟子にあたる木村草太教授は、独自の「軍事権」理論と、自衛隊の合憲性とを両立させるという折衷的な立場をとる。憲法には「軍事権」に関する規定がないので、軍隊を持つことができない、という独自理論である。そこで木村教授は、「軍事権」のほうの議論の補強のために石川教授を参照する。ところが石川教授自身は、憲法における「軍事権の不在」のようなことを語っているが、木村教授と違って自衛隊合憲論者ではない。どうしてそういうことが可能になるのかは、憲法学者相互で話し合う気持ちがないようなので、外部者にはうかがい知れないところだ。

158　石川健治『自由と特権の距離——カール・シュミット「制度体保障」論・再考』(増補版)(日本評論社、2007年)。

後述の木村教授の「軍事権」理論は、石川教授の「前衛への衝迫と正統からの離脱」なる題名の論文を参照する。しかしその石川教授の陳腐な題名の文章は、およそ憲法学とは関係がない、ヘーゲルやリオタールやヴィトゲンシュタインらが次から次へと飛び出してくる、学術論文とも言いにくい思想の散文である。率直に言って、バブル時代には、浅田彰や蓮實重彥でも携えながらこういう文章を書いていた大学生がたくさんいたよなあ、という文章である。参考までに、関係している部分を引用してみるが、面倒だと思われる読者は、是非読み飛ばして先に進んでいただきたい。

「軍隊を消滅させることによって軍事力統制の課題そのものの解消を企図した現行憲法九条は、日本の議会政治への definitional な制約条項としての意味をもちえただろう。すなわち、同条は、第一に、議会の立法権行使に関し、軍編成権（軍政）に関しては、その組織法制定権限に制約を課す、という（消極的な）法的権限規定の側面、第二に、そうした組織法制定権限の制約（その結果としていわゆる軍令の領域も原理的に存立しえなくなる）根拠として、平和主義の理想という――「民意」をも超える――高次の正統化根拠を提示しているという側面と、第三に、それに伴い政府が軍事予算を計上することが不可能になる、という意味での財産権の限界規定の側面とを、もっていたはずである。にもかかわらず、戦後の国会は、消極的権限分配としての九条を破って、自衛隊法という組織法を制定するに至ったのであり、しかも、裁判所が憲法判断を回避している現状のもとで、自ずと第二および第三の側面に過重な負担がかからざるをえなかったのが、戦後における軍事力統制の特異性である。すなわち、平和主義という正当化根拠によって自衛隊の正統性を剝奪するとともに、GNP一パーセント枠というそれ自体何の理論的根拠もない財政権の限界規定（その場合に大蔵省の果たした役割は大きい）により、辛うじて軍事力のコントロールをし、国家機構における権力バランスを維持してきたというのが、戦後の憲法史の現実ではないかと思われる」[159]

後述する木村教授の議論によれば、この名文によって、「カテゴリカルな軍事権の消去」なるものが憲法学で確立された。しかしこれだけでは、自衛隊が違憲なのか、合憲なのか、個別的自衛権だけは合憲なのか、やはり違憲なのか、さっぱりわからない。

ちなみにこの論文の「結論」はどうなっていたか。引用してみよう（途中で辛くなる

159　石川健治「前衛への衝迫と正統からの離脱」『憲法問題』第8巻、1997年5月、116-117頁。

方は、飛ばして先に読み進めてください)。

「近代的主体なるものが、その種の――連帯関係のレベルでの――哲学者の妄想においてで確立されてきたのではなく、主体を実際に確立するに際しては――法関係のレベルでの――われわれ法律家の力によるところも少なくなかったことを考えると、そうした妄想が我々の議論を根底から覆すと考えてあわてる必要はない。むしろ、社会的価値評価の水準での文化的開放の動きとの関連を、慎重にかつ繊細に見極めてゆくことが重要であるように思われる。そのひとつの手がかりを、本稿は〈前衛への衝迫〉と〈正統からの離脱〉という対称軸に求めて、これと憲法学サイドの『期待の地平』(H.R.Jauß)との関係を、試験的に考察してきた。そして、そうした状況下で立憲主義者が心がけるべきは、詩人T・S・エリオット風にいえば、現行憲法を擁護するという意味では保守主義者であること、前衛への衝迫から自由であるという意味では古典主義者であること、そして〈文体〉の実験がもつポテンシャルに開かれてあるという限りでモダニストであること、ではないだろうか。これが本稿筆者のさしあたりの結論である」[160]

---

160 石川「前衛への衝迫と正統からの離脱」、122-123頁。

13. 木村草太教授の謎の「軍事権」

木村草太・首都大学東京教授は、「メディアにもてはやされている極端な意見を言う人」を突き放そうとする発言を繰り返しつつ、[161] 際立った理論を展開する人物である。端的な例が、木村教授による「軍事権のカテゴリカルな消去」理論だ。

木村教授によれば、日本国憲法には軍事に関する規定がないので「軍事権」なるものを持っていないが、アメリカ合衆国憲法は軍事に関する規定があるので「軍事権」というものを持っているのだという。そのためアメリカは集団的自衛権を行使できるが、日本はできない（ただし個別的自衛権は行使できる）、といった差が出てくるのだという。

木村教授は、このことを日本国憲法における「軍事権のカテゴリカルな消去」と呼び、この「軍事権」なるものの消去によって、「軍事権」である集団的自衛権は違憲になる、と説明する。ちなみに個別的自衛権は「行政権」なので合憲だという。[162]

161 『中央公論』2018年5月号、33頁。

ツイッターなどを通じた発信活動に余念のない木村教授は、西村裕一・北海道大学法学研究科准教授（憲法学・東京大学法学部出身）が、この学説を標榜していると説明し、憲法学界で広範に支持されているかのように語った。[163] 参照するのは、『自治体法務検定テキスト』という文献である。そこで見つかるのは、次のような文章だ。

「統治の基本プログラムを決定する作用を、執政とよびます。……執政権を国家作用からカテゴリカルに削除する規定が憲法に置かれることもあります。例えば、日本国憲法は軍事作用について沈黙していますが、これは戦前への反省に基づく自覚的な決断であると理解するべきでしょう。すなわち、『統帥権の独立』を定める大日本帝国憲法下においても、軍の編成権に関わる軍政については帝国議会の統制下に置くことが試みられました。しかし、戦前の議会政治は、統帥権干犯問題に見られるように、軍部に対するシヴィリアン・コントロールを自ら放棄することによってその信頼を失うことになります。そのため日本国憲法9条は、軍事的な権力体系をカテゴリカルに消去することによって、軍事作用における執政権の統制を図ろうとしたと考えることができます（参照、石川健治「前衛への衝迫と正統からの離脱」憲法問題8号［1997年］105頁以下）」[164]

『自治体法務検定テキスト』におけるこれだけの文章で、本当に「軍事権」なるものについての学説がある、という理解をするのは、躊躇する。ましてこの「執政権の統制」について語っている文章が「集団的自衛権は『軍事権』で、個別的自衛権のように『行政権』ではないので、違憲」という結論を導き出すための根拠になるというのは、よほどの想像力を駆使しなければ無理であるように感じる。

木村教授らによって参照文献とされている石川健治教授の「前衛への衝迫と正統からの離脱」論文は、すでに紹介したように、「ポストモダン」風の現代思想系の散文である。問題となるはずの箇所は、前の章で引用したとおりだが、率直に言ってかなり小説家風のロマン主義的叙述の読み込みであり、およそ「カテゴリカルな軍事権の消去」な

162 木村『自衛隊と憲法』、48-50頁。

163 木村草太ツイッター ２０１４年10月28日９時09分〈https://twitter.com/SotaKimura/status/526888423424933888〉。

164 『自治体法務検定公式テキスト 基本法務編 平成30年度検定対応』(第一法規株式会社、２０１８年)、35-36頁。

るものを実定法上の論点として検討したものとは言えない。

しかも、石川教授とは別に、個別的自衛権は合憲だが、集団的自衛権は違憲だ、という落としどころを付け加えたのが、木村草太教授のようだ。

そもそも石川教授の議論には、「軍事権」なる概念の説明がない。集団的自衛権違憲論の説明もない。石川教授は、自衛隊の創設によって憲法の意図が壊されたかのように述べるので、個別的自衛権だけは合憲だという議論を導き出すことができるのかも不明だ。要するに、重要問題で、木村教授と石川教授は全然結論が違う。しかしひとたび「クーデター」のような政治問題があれば、大同団結はする。立派な政治的結束力である。

木村教授は、日本国憲法に「軍」に関する規定がないという「軍事権のカテゴリカルな消去」で、集団的自衛権が違憲であることが証明される、と主張する。その一方、木村教授によれば、個別的自衛権は「行政権」なので、憲法は禁止していないのだという。根拠を理解するのがとても難しい学説である。たとえば憲法に「軍の最高司令官は大統領だ」といった規定があると、その国が「行政権である個別的自衛権」と「軍事権である集団的自衛権」を同時に持っていることの証明になるらしい。合衆国憲法にも「軍事権」についての規定がないことには変わりがないとも思えるが、木村教授はそのような疑問を認めない。

日本国憲法だけに「軍事権」がない。ただし「行政権」については憲法に記載があるので、ある。そこから木村教授は、どういうわけか集団的自衛権は「軍事権」なので、ない、個別的自衛権は「行政権」なので、ある、と主張する。

しかし、初めの一歩の「軍事権」が空想物のようにしか聞こえないので、「軍事権」が「消去」されている、だから集団的自衛権は違憲だ、個別的自衛権は合憲だ、と言われても、ナゾナゾみたいな話にしか感じられない。

木村教授によれば、個別的自衛権だけは「国内支配作用」である。ところで在日米軍は日本の管理権が及ばないものである。もし日本の管理権が及ばないものに対する攻撃をもって日本が個別的自衛権を発動して武力行使をするとしたら、それは「国家が国民を支配する作用」とは言えないので、木村教授にしたがえば、そのような仕方での個別的自衛権の発動は、違憲だということになる。つまり米軍基地への攻撃があっても、日本は何もすることができないはずだ。ところが木村教授は、米軍は日本の管理下になくても、米軍が日本の領域内にあれば、個別的自衛権発動でいいのだと主張する。

これに対して、日本国民であっても、日本の領域外にいると守られない、国外にいる国民まで守るのは大変だからだという。もし守る義務があると、守れなかったときに損害賠償責任を負わなければならないと警告する。[165]

木村教授によれば、日本政府は在日米軍基地の米兵を守ったら、違憲だ。土地だけを守らなければならない。他方、日本領域内の土地を守らなければ、日本国民から損害賠償請求にさらされる。木村教授によれば、国内で北朝鮮に拉致された被害者は、日本政府に対して損害賠償請求をすることになる。日本国土が攻撃されればされるほど、日本国民は次々と日本政府に損害賠償を請求していくことになる。

そのため木村教授によれば、個別的自衛権の発動の対象であれば、加害国を「行政権」の「一般行政事務」として武力攻撃しなければならない（しなければ損害賠償請求対象となる不作為だろう）。それは私人関係で、隣の家の木が自分の敷地内に倒れこんできたときに除去を求めることができるのと同じなのだという。[166]

言うまでもなく、実際には、米軍を守らず、土地だけを守る、北朝鮮のミサイルが日本領土に着弾すればするほど、日本政府は日本国民からの損害賠償請求にさらされる、という話は、机上の空論でしかない。国際法では、こうした空理空論の横行を防ぐためにも、個別的自衛権と集団的自衛権がセットで語られる。しかし木村教授は国際法を否定し、机上の空論の世界に留まり続けようとする。「軍事権」なる憲法が使っていない言葉を駆使して、空論の世界の理論武装を図る。

それにしても木村教授の「軍事権」理論は、本当に憲法論として妥当なものなのか？　木村教授の「軍事権」理論は、日本国憲法のガラパゴス的な称賛によってのみ、可能となるものなのではないか？　行政権とは別だということなので、「軍事権」というのは、三権分立から離れた「第四権」である。日本だけは「消去」しているので、日本だけは三権分立を無事に保つことができる。ところが日本以外の世界の諸国は、集団的自衛権を認めているので、「第四権」である「軍事権」なるものを持っていることになる。木

165　木村草太「第3分科会『立法と司法——法の支配・法文・法解釈』」樋口陽一・石川健治・蟻川恒正・宍戸常寿・木村草太『憲法を学問する』（有斐閣、2019年）、243-244頁。

166　樋口他『憲法を学問する』、251-252頁。木村教授は、憲法学者の曽我部真裕・京都大学教授や宍戸常寿・東京大学教授が、「行政権」から「外交権」「軍事権」を切り分ける議論に懐疑的であることについて、「専門家の先生相手でも、概念の使い方を正しく伝えるのはなかなか難しい」と述べている（同上、253頁）。

村教授によれば、諸国の三権分立は砂上の楼閣なのだ。

近代憲法は、三権分立を大原則にしている。その前提から、国家の機能のうち立法と司法の機能を除いた全ての機能が行政機能と分類されると考える「行政控除説」は、ほとんど常識化している通説だ。三権分立を、近代国家の立憲主義の根源的考え方の一つとみなす限り、あらゆる国家機能は、三権のどこかに帰属すると考えるのが原則である。

三権分立の考え方にしたがえば、軍事組織を創設する権能は立法権（Legislative power）にあり、軍事組織を運用する権能は、「執行権／行政権（Executive power）」にある。日本の立法権は、憲法41条「国会は、国権の最高機関であって、国の唯一の立法機関である」という規定で保障されている。行政権に関しては、憲法73条1号の「法律を誠実に執行し、国務を総理する（conduct affairs of state）」という規定によって、法律の執行を行うことができる。

しかし木村教授は、そのようには考えない。木村教授によると、どうやら大日本帝国憲法に存在したが、日本国憲法に存在しない概念については、「カテゴリカルな消去」がある、ということのようだ。大日本帝国憲法は、以下のような「軍事」に関する規定を持っていた。

第11条　天皇ハ陸海軍ヲ統帥ス
第12条　天皇ハ陸海軍ノ編制及常備兵額ヲ定ム

これらの規定は、日本国憲法にない。それを根拠にして、「軍事権のカテゴリカルな消去」があるので集団的自衛権は違憲だ、と木村教授は主張する。

しかし大日本帝国憲法には存在していたが、日本国憲法には存在していない規定や概念など、他にもたくさんある。たとえば「統治権」である。大日本帝国憲法第4条は、「天皇ハ国ノ元首ニシテ統治権ヲ総攬シ……」と定めていた。この「統治権」の概念は、日本国憲法にはない。ついでに言えば、「元首」の規定も日本国憲法にはない。とすれば「統治権のカテゴリカルな消去」や「元首のカテゴリカルな消去」を、日本国憲法は命じていることになる。

ところが、芦部信喜『憲法』は、最初のページで、次のように高らかに宣言している。

「一定の限定された地域（領土）を基礎として、その地域に定住する人間が、強制力をもつ統治権のもとに法的に組織されるようになった社会を国家と呼ぶ」[167]（傍点筆者）

同じく東京大学法学部で長く憲法を講じた高橋和之教授は、次のように言う。

「国民が、近代市民革命により国王の統治権を奪取し、統治権の客体から主体へと転化するとき、国家が『一定の領土を基礎に統治権を備えた国民の団体』として観念されるようになる。……国家意思を形成し執行していく権力を統治権と呼ぶが、この統治権が誰に帰属し、どのように行使されるべきかを定めているのが憲法なのである」[168]（傍点筆者）

芦部教授や高橋教授の言説は、「『統治権』のカテゴリカルな消去」をしている日本国憲法に反しているので、違憲ではないか？

憲法学者は、「統治権」は「主権」だ、という。[169] 確かに「統治権」を英語に訳すとしたら、「主権（sovereignty）」としか訳せない。実際、大日本帝国憲法の起草作業に協力したヘルマン・ロエスレルの「日本帝国憲法草案」の翻訳では、天皇は「帝国ノ主権者」であり、「一切ノ国権ヲ総攬」するとされていた。[170] しかし、逆に言えば、それではなぜ「主権」と呼べばいいものを、「統治権」と呼ぶのか。「統治権」は、伊藤博文・井上毅が作り出した、今日では非法律的と言わざるを得ない神秘的な概念であるにもかかわらず。

伊藤博文と井上毅は、ロエスレル草案を最も重要な資料として参考にしたが、実際には第1条で「大日本帝国ハ万世一系ノ天皇之ヲ統治ス」と定め、第4条で「天皇ハ国ノ元首ニシテ統治権ヲ総攬シ」と定めることになった。これは、井上毅が作った草案で、「之ヲ治《しら》ス」という『古事記』に登場する古語に依拠した日本的な「統治」概念を挿入することが提案されていたことによる。この「シラス」という大和言葉の統治理念を漢語で表現した結果、「統治権」という言葉が生まれた。伊藤博文は、「所謂シラスとは即ち統治の義に外ならず」と述べた。[171] 伊藤と井上が、「主権者」という概念を嫌い、「統治

167 芦部『憲法』、3頁。
168 高橋『立憲主義と日本国憲法』、4、8頁。
169 「領土・国民・統治権（主権）が国家の三要素といわれる」。高橋『立憲主義と日本国憲法』、4頁。
170 稲田正次『明治憲法成立史』下巻（有斐閣、1962年）、106頁。
171 伊藤博文（宮沢俊義校註）『憲法義解』（岩波文庫、1940年）、22-25頁。篠田英朗『ほんとうの憲法』、140-141頁。

（シラス）権の総攬者」として天皇を規定したのは、日本独自の文化に依拠したものとして、天皇大権を表現したかったからだろう。

つまり、「統治権」という日本の憲法学にオリジナルな概念は、「シラス権」とでも言うべきものである。典型的なガラパゴス概念であると言わざるを得ない謎の概念なのである。日本国憲法は、その大日本帝国憲法の「統治（シラス）権」概念を駆逐した。ところが憲法学者が、せっせと「統治権」概念の存続に向けた運動を続けている。

木村教授は「統治権のカテゴリカルな消去」を叫んで、芦部信喜教授や、高橋和之教授の概念設定を糾弾するべきなのではないか？

よく考えてみてほしい。「統治権」には木村教授の言う「軍事権」が含まれていたはずだ。芦部教授や高橋教授を糾弾することを避け、「統治権」概念の存続を黙認していたら、木村教授が洞察する「軍事権のカテゴリカルな消去」が骨抜きになってしまうではないか！

なぜ木村教授は、大日本帝国憲法に存在したが、日本国憲法では消去された「統治権」や「統帥」などの概念は放置し、最初からどこにも存在しておらず、そしてそのまま日本国憲法にも存在していない「軍事権」なる概念を突然持ち出して、密かにどこかで

「カテゴリカルな消去」をされた、などと神秘主義めいたことを言うのか。しかも、その神秘を知っているのは、ただ憲法学者だけである。あるいはただ木村教授だけである。

さらに言えば、万が一、仮に「軍」という文字が日本国憲法に存在していないことを強調するとして、それはまさに「軍」の存在に関わる問題なのであって、「個別的自衛権は合憲だが、集団的自衛権は違憲」などという話とは、全く関係がないのではないか？

しかし、木村教授の「軍事権」理論の恐ろしさは、これらの疑問だけにとどまらない。私には、むしろ木村教授の世界観こそが、恐ろしい。

木村教授は、「軍事」を「他国の主権を制圧して行う活動」と定義する。[172] 木村教授によれば、「『軍事』は、相手の主権を無視してそれを制圧するために行われます」。軍事権とは、「相手の主権を無視してそれを制圧する」権限のことである。木村教授によれば、この恐るべき「軍事権」なる権限を、日本以外の国々は持っている。ところが日本国憲法が「軍事権のカテゴリカルな消去」を行っているので、世界で日本だけは持っていない。

172 木村『自衛隊と憲法』、48頁。

素晴らしい国、日本。なんと野蛮な、日本以外の全ての国々！　日本以外の諸国は「軍事権」なるものを持って、自由自在に戦争を仕掛けたりする！　ああ、「軍事権」がない日本、日本だけが平和主義の国だ！　そして日本以外の全ての国々は、なんと野蛮なのだろうか！

本当に、これでいいのだろうか。本当にこの憲法学者の推論こそが、「良識」というものなのだろうか。

ちなみに、本当の集団的自衛権は、支援対象国の同意にもとづき、その国の主権を侵害している脅威を除去することを支援する行動だ。集団的自衛権にもとづく行動は、「他国の主権侵害を除去して回復させることを支援する活動」なので、軍事力を用いても、木村教授の言う「軍事権」の行使には該当しない。

木村教授は、2014年に集団的自衛権行使を容認する閣議決定が出た際には、これは合憲だ、という主張をしていた。「憲法学者として七・一閣議決定の中身を見ると、『従来の解釈と完全に整合している』と読むことができる文章にはなっていると思います。公明党議員の方々が、与党協議でかなり頑張ったということでしょう」と述べ、「個別的自衛権の行使としても正当化可能なケースについてのみ、集団的自衛権の行使を限定的に認める」ものであり、「日本国憲法の枠内に収まっていると評価」していた。違憲であるはずの集団的自衛権も、個別的自衛権と重なっていれば合憲になるという立場であった。

ところが、その木村教授は、長谷部教授が安保法案は違憲だと明言し始めた頃には、安保法案違憲論を声高に唱えるようになった。やがて、「たいていの憲法学者が憲法違反と言っていますし、国民の間でもそのことが理解され、『憲法違反だと思う』というような回答が世論調査で多数を占める状況になっています。したがって、法案が憲法違反であるという点は決着がつきました」と断言するようになった[173]。

木村教授は、個別的自衛権と集団的自衛権が重なる部分があり、その部分において、集団的自衛権の違憲性が優越せず、個別的自衛権の合憲性が優越する、という理論を展

173 木村草太「『七・一閣議決定』を読む」『潮』、2014年9月号、80頁、木村草太「文言の拡大解釈を防ぎ安保法案を憲法の枠内に」『第三文明』、2015年8月号、33頁、木村草太「インタビュー 安保法案のどこに問題があるのか」長谷部恭男（編）『検証・安保法案――どこが憲法違反か』（有斐閣、2015年）所収、26頁。

開しようとした。しかし少なくともそのような見解を、過去に日本政府が示した経緯はない。2003年の政府「答弁書」は、個別的自衛権と集団的自衛権の「両者は、自国に対し発生した武力攻撃に対処するものであるかどうかという点において、明確に区別される」と返答した。[174]

木村教授は、「政府解釈や憲法体系を全くと言っていいほど理解していない」人々を嘆く。その一方、木村教授は、個別的自衛権と集団的自衛権は「明確に区別される」という上記の政府答弁は無視して、二つは重なることができるという独自の主張をする。そして重なると「合憲的に解釈する余地」が生まれる、と主張する。

控えめに言って、わかりにくい立場である。どういうときに、どういう正当化事情で、個別的自衛権と集団的自衛権が重なり、どうして前者が優越して合憲となるのか。木村教授が学術論文を書いて丁寧に説明した気配はない。そもそも一方が違憲であり、他方が合憲である二つの事柄は、どのようにして「重なる」ことができるのか？　少なくとも個別的自衛権と「重なる」と集団的自衛権は合憲になりうるとすれば、どうやって集団的自衛権を一つの範疇として常に違憲だと断言できるのか？

木村教授は、安保法制の文言に関して、「存立危機事態とは、『外国への武力攻撃が、同時に、日本への武力攻撃の着手である事態』を意味すると理解するのが文言上は自然です」といったことを述べる。「重要な答弁がなされています。……公明党の山口那津男代表は、『武力攻撃事態等と存立危機事態が私はほとんど同じなのではないか、ほとんど重なるのではないかと思う』と指摘しました」などとも述べる。[175]

しかし「存立危機事態」や「武力攻撃事態等」といった概念は、あくまでも日本の国内法制上の概念である。それらが常に必ず集団的自衛権と個別的自衛権と同じものを指しているわけではない。

木村教授は、「存立危機事態」と「武力攻撃事態等」という国内法上の概念の「重なり」を、集団的自衛権と個別的自衛権という国際法上の概念の「重なり」と誤認しているのではないか？

集団的自衛権で説明するのか、個別的自衛権で説明するのかは、国際法の観点から決

174 第156回国会衆議院「参議院議員伊藤英成君提出内閣法制局の権限と自衛権についての解釈に関する質問に対する答弁書」内閣衆質156第119号、平成15年7月15日。
175 木村『自衛隊と憲法』、123、125頁。

定すべき話であり、日本の憲法学者が「集団的自衛権容認よりも個別的自衛権拡大解釈で説明した方が好都合じゃないか」と思うかどうかで決めていくべき話ではない。

歴史的に言えば、あるいは国際的に見れば、「個別的自衛権拡大解釈」こそが、圧倒的に危険な行為だ。日本の満州事変以降の「いつか来た道」は、個別的自衛権の拡大解釈から生まれた破綻への道だった。個別的自衛権の拡大が可能なら、集団的自衛権の容認より望ましい、というのは、危険である。

木村教授は、集団的自衛権は、「組織法」と「作用法」の二つの観点から、違憲だと述べる。前者が、憲法に授権規定があるか、後者が、憲法によって禁止されていないか、という審査の結果だという。木村教授は、憲法73条で列挙されている内閣の活動に、集団的自衛権が含まれることはない、と主張する。なぜなら集団的自衛権が、日本の領域内で「国内統治作用」として行われるものではないからだ、というのである。

それではなぜ、ソマリアに基地を持って自衛隊が海賊対策を行うのは違憲にならないのか。それらは「国内統治作用」なのか。なぜ木村教授は、国連PKOに参加する自衛隊員は、「外交関係を処理すること」をしているにすぎないと主張するにもかかわらず、とにかく絶対に集団的自衛権だけはダメだ、と言うのか。

なぜ木村教授は、たとえば、憲法には「海洋法」における「公海」上の「航行の自由」などを根拠づける規定がない、「公海」は憲法が授権することができない「国内統治作用」を超えたものだ、したがって「航行の自由」を行使することは違憲だ、と主張しないのか？ あるいは「航行の自由」は「国内統治作用」なのか？

現在の日本では、2015年安保法制で認められた範囲内でしか、集団的自衛権を行使できない。安保法制を超えた範囲が違憲だからというよりも、まずは執行手続きを定める通常法がないためである。逆に言えば、安保法制の範囲内の活動は、憲法73条1号の「法律を誠実に執行し、国務を総理する」という規定にもとづいて、内閣が執行する。

なぜ木村教授は素直な日本国憲法の読み方を拒絶し、「軍事権」なる憲法に書かれてもいない謎の概念を持ち出すのか？ そして、この謎の概念は憲法に書かれていないのだから、この謎の概念を理由にして色々なことを禁止できるのだ、などという強引な主張をして、なおあくまでも国際法を否定しようとしてくるのか？

木村教授は、「軍事権」理論があれば、都合よく個別的自衛権と集団的自衛権を区分けし、前者が合憲で後者が違憲だ、という結論を導き出すために便利だ、と思いついたようである。イデオロギー的に固定された結論を出すために、「軍事権」の概念が便利だ、とひらめいたらしい。

しかし、それは精緻に法律を論ずる態度とは言えない。たとえば、木村教授の理論によれば、個別的自衛権と集団的自衛権は重なり合うことができ、重なり合うと前者が勝って後者も合憲になる。したがって行政権と「軍事権」も重なり合うことができ、重なり合うと前者が勝って後者も合憲になる。そうなると結局、「軍事権のカテゴリカルな消去」を主張しても、行政権と重なり合うなら「軍事権」があっても合憲であり、行政権と重なりあうなら「軍事権」を行使しても合憲だということになる。それなら、最初から行政権と「軍事権」を分けたりせず、違憲性のある行政権の行使方法、について議論するのが、筋だ。

行政権が常に合憲、「軍事権」が常に違憲、などという抽象論は、実務でも役に立たないだろう。重要なのは、行政権の行使がいつどのように違憲になるか、だ。

それにしても、木村教授の「軍事権」理論によれば、日本以外の国々は「軍事権」なる権限を持っている。つまり「相手の主権を無視してそれを制圧する」権限を持っている。日本に5万人の軍人を置くアメリカ合衆国も、日本にミサイルを放つ能力を持つ北朝鮮も持っている。日本だけが持っていない。素晴らしい日本！　野蛮な外国！

ただし戦前の日本は「軍事権」を持っていた。つまり「相手の主権を無視してそれを制圧する」ことができた。したがってもちろん満州を占領してもよかったし、中国を侵略してもよかったし、真珠湾を奇襲攻撃してもよかった。戦前の日本は悪くなかった！悪かったのは国際法だ！

木村教授の「軍事権」理論は、現代国際法規範を否定し、大日本帝国の行動を肯定する。木村教授によれば、このような観察の根拠は、日本国憲法にあるのだという。

恐ろしい話である。日本国憲法さえ世界最先端の憲法であれば、あとは国際法が崩壊しようとも、大日本帝国の侵略行為を肯定しようとも、そんなことはどうでもいいのだ。

呆然とする。本当に日本国憲法は、そのようなことを言っているのか。私は、言っていないと考える。言っていると考えるのは、一握りの日本の憲法学者だけなのではないか、と疑う。

おわりに

『集団的自衛権の思想史』（2016年）や『ほんとうの憲法』（2017年）を公刊してから、憲法関連の内容での講演を依頼される機会が増えた。すると一般の聴衆から、「あなたの議論を一般向けにわかりやすく解説した本はないのか」と言われるようになった。そうした声に応えるために追加的に執筆することにしたのが、本書である。

わかりやすく書くための工夫として、立ち位置をはっきりさせようと思ったため、本書の内容は、かなり論争的なものに見えるかもしれない。ただ、憲法解釈をめぐる問題状況を伝えるためには、憲法学通説の問題性を指摘することが不可避だ。

個々の憲法学者の方々に恨みはない。ただ、大変に申し訳ないのだが、問題性を明らかにするためには、本書のようなやり方も一つの方法になるということだ。

憲法学者の方々は、何を見ても「新たな戦前」「いつか来た道」を想像する。[176] そして100年近く前の話にもとづいて、「抵抗の憲法学」の現在の存在価値を正当化しようとする。「憲法学者を批判すると、極右あつかいされるぞ」という脅かしに、どれだけの言論人が屈してきただろうか。しかし、それは冷戦時代の思考方法の残滓にすぎない。「憲法学者を批判すると、保守派を利する、やめてほしい」と言われたこともある。奇妙な話である。憲法学者の権威なるものに依拠している反保守派の勢力とは何なのか。

左と右の硬直的な対立図式は、行き詰っている。しかし、左右両勢力は、実際に力を持ち続けてきたし、少子高齢化社会を背景にして、まだなくなってもいない。そうなると、右にも左にも属さない勢力が最大の犠牲者となる。日本国憲法それ自体のことだ。いわば日本国憲法の国際主義こそが、右と左のガラパゴス的な対立図式の最大の犠牲者だ。

本書を、日本国憲法の国際主義に捧げる。

176　篠田英朗『ほんとうの憲法』、第3章。

篠田英朗　1968（昭和43）年生まれ。東京外国語大学教授。国際政治学者。ロンドン大学（LSE）でPh.D.（国際関係学）を取得。著書に『集団的自衛権の思想史』『ほんとうの憲法』など。

Ⓢ新潮新書

822

憲法学《けんぽうがく》の病《やまい》

著　者　篠田英朗《しのだひであき》

2019年7月20日　発行

発行者　佐　藤　隆　信

発行所　株式会社新潮社

〒162-8711　東京都新宿区矢来町71番地
編集部(03)3266-5430　読者係(03)3266-5111
https://www.shinchosha.co.jp

印刷所　株式会社光邦

製本所　株式会社大進堂

ISBN978-4-10-610822-8 C0232

価格はカバーに表示してあります。